KEN LEGG

GNADEN WURZELN

40 Tage Gnade

novum pro

www.novumverlag.com

Bibliografische Information
der Deutschen Nationalbibliothek:

Die Deutsche Nationalbibliothek
verzeichnet diese Publikation in
der Deutschen Nationalbibliografie.
Detaillierte bibliografische Daten
sind im Internet über
http://www.d-nb.de abrufbar.

Gedruckt in der Europäischen Union
auf umweltfreundlichem, chlor- und
säurefrei gebleichtem Papier.

© 2024 novum Verlag

ISBN 978-3-99146-426-6
Lektorat: Kristina Steiner
Umschlagfotos: Taweesin Rittisarn,
Rangizzz, Amenic181 | Dreamstime.com
Umschlaggestaltung, Layout & Satz:
novum Verlag
Innenabbildung & Autorenfoto:
Ken Legg

www.novumverlag.com

Druckprodukt mit finanziellem
Klimabeitrag
ClimatePartner.com/16547-2311-1001

Inhaltsverzeichnis

Danksagung

Als ich „Gnadenwurzeln" („Grace Roots") schrieb, war ich sehr gesegnet durch die Unterstützung von mehreren Menschen, die an das glauben, was ich tue.

Obwohl es zu viele sind, um sie namentlich zu erwähnen, möchte ich mir einen Augenblick nehmen, um einige zu nennen und ihnen meine aufrichtige Wertschätzung auszusprechen.

Wie immer war meine Frau Marianne sowohl eine große Ermutigung als auch eine praktische Hilfe für mich. Ich schätze ihre Weisheit und Einsicht so sehr. Ihre Vorschläge in verschiedenen Phasen dieses Buches haben mich veranlasst, einige Dinge ein wenig anders zu formulieren. Einige Teile habe ich sogar weggelassen. Sie hat mich auch auf einige grammatikalische Fehler aufmerksam gemacht.

Noch einmal danke ich Beverley Tulloch für all die Zeit, die sie für das Lektorat dieses Buches aufgewendet hat. Mein besonderer Dank gilt Beverley, dass sie den Abgabetermin so kurzfristig eingehalten hat.

Man sagt: „Ein Buch wird durch sein Cover verkauft." Melissa Dalley hat genau das geschaffen, was ich mir für das Cover vorgestellt habe. Gut gemacht Mel.

Die Leitung und die Gemeinde der New Beginnings Church in Reedy Creek an der Goldküste ist für mich weiterhin Woche für Woche eine große Inspiration durch ihre enthusiastische Reaktion auf die Lehre der Gnade. Sie sind nicht nur wahre Gläubige dieser Botschaft, sondern auch proaktiv in unserem Einsatz, das Evangelium der Gnade außerhalb unserer eigenen Gemeinde in verschiedene Teile Australiens und sogar in andere Länder der Welt zu bringen.

Zum Schluss möchte ich unserem Herrn und Retter, Jesus Christus, danken. Ich war mir Seiner Kraft und Befähigung Tag für Tag bewusst, während ich „Grace Roots" schrieb. In Ewigkeit wird die Gemeinde „zum Lob der Herrlichkeit seiner Gnade" sein (Eph. 1, 6). Aber warum bis dahin warten?

Einleitung

Sag niemals nie. Als ich mein neuestes Buch, „New Covenant, New Glory" („Neuer Bund, neue Herrlichkeit"), veröffentlichte, sagte ich: „Das ist definitiv mein letztes Buch." Ich schätze also, ich habe einiges zu erklären!

Ich werde versuchen, dies anhand einer Illustration aus dem Leben von Elisa zu tun.

In einer Zeit der Hungersnot ging einer der Prophetensöhne los, um Kräuter zu sammeln und einen Eintopf zu kochen. Er holte auch einige wilde Kürbisgewächse, ohne zu wissen, dass sie giftig waren. Als der Eintopf serviert wurde, erkannte einer der Propheten, dass er giftig war und rief: „Der Tod ist im Topf!" (2. Kö. 4, 40). Elisa wies sie an, etwas Mehl in den Topf zu geben und als sie das taten, war der Eintopf nicht mehr giftig.

Dieser Vorfall zeigt mir, wie tödlich das Christsein werden kann, wenn es mit Gesetzlichkeit vermischt wird. Wenn Christen sich von einer werkegetriebenen Diät ernähren, werden sie geistlich krank.

Ich hatte das Vorrecht, das feine Mehl der Gnade Gottes an unzählige schuldbeladene, leistungsgetriebene Gläubige zu verteilen und habe beobachtet, wie sie befreit und wieder zu geistlicher Gesundheit zurückgeführt wurden. Einer der großen Vorzüge meines Dienstes ist es, Rückmeldungen von denen zu erhalten, die durch das Hören der Botschaft der Gnade befreit wurden. Einige der Zeugnisse sind erstaunlich. Das Evangelium der Gnade ist wirklich Gottes Kraft zur Errettung.

Vor Kurzem hatten wir einige Besucher aus einer sektenartigen Bewegung bei uns zu Hause. Ich lenkte die Diskussion sofort auf das vollendete Werk Christi und sagte, dass jeder, der auf das Werk Jesu am Kreuz vertraut, in den Augen Gottes vollkommen gerecht ist. „Wir sind uns einig, dass wir nur durch

Christus gerettet werden können", sagten sie. „Aber wenn wir Folgendes nicht tun ..." Dann fügten sie eine „To-do-Liste" von Voraussetzungen für die Errettung hinzu. Wann immer eine „Christus-plus"-Botschaft gelehrt wird, ist „Gnade nicht mehr Gnade" (Röm. 11, 6). Das Tragische daran ist, dass es nicht nur Sekten sind, die das tun. Ziemlich oft höre ich, dass dies in einigen Gemeinden gelehrt und unter Christen geglaubt wird.

Manchmal denke ich über die Frucht nach, die das gesetzliche „Christentum" hervorbringt. Es hat mindestens zwei Merkmale.

Erstens: Es führt zu Selbstgerechtigkeit. Sekten fragen: „Warum tragt ihr das Evangelium vom Reich Gottes nicht von Haus zu Haus, wie wir es tun?" Genauso führen selbstgerechte Christen ihre Werke vor anderen mit einem Anflug von Überlegenheit vor. Sie prahlen mit ihrem Zehnten, ihrem Beten, ihrem Fasten, ihrer moralischen Reinheit, ihrem Zeugnisgeben, ihrem Halten des Ehebundes usw. Das alles führt dazu, dass *sie* verherrlicht werden, nicht Jesus. Im Gegensatz dazu fragt Paulus unter der Gnade: *„Wo bleibt nun das Rühmen? Es ist ausgeschlossen."* (Röm. 3, 27).

Zweitens: Das Ergebnis der Gesetzlichkeit ist in der Regel Verurteilung, weil die Menschen ihren selbst auferlegten Anforderungen einfach nicht immer nachkommen können. Infolgedessen werden sie entweder depressiv und entmutigt oder sie verdrängen es und täuschen ihre Spiritualität vor. Da ist der Tod im Topf.

Zum Glück schreiben immer mehr Gnadenlehrer gute Bücher, um der tödlichen Gesetzlichkeit entgegenzuwirken. Aber wir haben sicherlich noch nicht das Stadium erreicht, wo wir zu viel Gnadenlehre haben. Wir brauchen mehr. „Grace Roots" wurde geschrieben, um den Sack voll Mehl zu füllen.

Jeden Monat verschicke ich ein E-zine (E-Magazin) namens „Grace Roots" an eine Liste von Abonnenten. Dieses Buch ist eine Sammlung einiger dieser Artikel, die ich bearbeitet habe; und ein paar neue wurden hinzugefügt.

Bist Du ein Opfer der Gesetzlichkeit? Wenn ja, ist es mein Gebet, dass Deine 40-tägige Reise in „Grace Roots" eine Entgiftung von Gesetzlichkeit für Dich sein wird; und dass sie helfen wird, Dein Herz in Gottes Gnade zu gründen.

Dies ist wirklich mein letztes Buch ... denke ich ...

Ken Legg
Goldküste, Australien, 2012

„Da wir nun aus Glauben gerechtfertigt sind,
so haben wir Frieden mit Gott durch unseren
Herrn Jesus Christus, durch den wir im Glauben
auch Zugang erlangt haben zu der Gnade, in der
wir stehen, ..." (Röm. 5, 2).

TAG 1

Unbeschreiblicher Wert

Wer kann den Wert eines Menschen berechnen? Heutzutage wird viel Wert auf das Selbstwertgefühl gelegt. Unzählige Bücher sind zu diesem Thema geschrieben worden und es gibt eine Vielzahl von Kursen und Seminaren, die das Selbstwertgefühl eines Menschen stärken sollen.

Diese Kurse und Informationsquellen eröffnen eine Reihe von Möglichkeiten, wie man sich selbst besser fühlt, z. B. sich Ziele setzen, positive Selbstbestätigung, sein Aussehen verändern, negative und kritische Einflüsse abblocken usw.

Aber für Christen wird die Frage nach ihrem Wert durch etwas bestimmt, das viel mächtiger ist als Selbstgespräche, Erfolge oder das Verschönern unseres Aussehens, damit wir uns besser fühlen. Gott hat zwei unwiderlegbare Aussagen über uns gemacht.

Erstens: Er hat uns den höchsten Platz im Universum geschenkt, als er uns nach Seinem Ebenbild schuf. Als Krone der Schöpfung wurden wir so geschaffen, dass wir von Gott selbst bewohnt werden können und Sein eigenes moralisches Bild widerspiegeln. Dann, um das Ganze noch zu überbieten, übergab Er uns die Herrschaft über alles auf der Erde.

Wir wissen, dass die Menschheit in schändlichster Weise auf diese erstaunliche Liebe reagiert hat. Indem die Menschen mit Gott durch Ungehorsam, Rebellion und Trotz gebrochen haben, hat unsere Sünde Tod, Krankheit und Zerstörung über uns und unsere Welt gebracht.

Erstaunlicherweise jedoch wurde Gottes Liebe zu uns dadurch nicht geschmälert. Genau an diesem Punkt hat Er nämlich Seine zweite eindeutige Aussage bezüglich Seiner Wertschätzung für uns gemacht – die Erlösung.

15

Der Wert eines Gegenstandes wird u. a. durch den Preis bestimmt, der für ihn bezahlt wird. Gott hat den höchsten Preis, den man sich vorstellen kann, für uns bezahlt, indem Er Sein Bestes gegeben hat, damit wir von unserer Sünde erlöst und mit Ihm versöhnt werden können. Was für eine erstaunliche Liebe!

Als ich einmal in Sambia predigte, hielt ich einen 50.000-Kwacha-Schein hoch. Das entspricht etwa zehn australischen Dollar, was für den durchschnittlichen Sambier eine Menge Geld ist. Ich fragte: „Wer möchte den haben?" Sofort hoben sich alle Hände.

Dann wischte ich ihn auf dem Boden ab und fragte: „Wer möchte ihn jetzt haben?" Ohne zu zögern, ging jede Hand hoch. Dann zerknüllte ich ihn so fest wie möglich in der Hand und wiederholte die Frage: „Und jetzt? Wer möchte ihn haben?" Wieder taten es alle. Schließlich warf ich ihn auf den Boden und zertrampelte ihn unter meinem Fuß. Ich hielt das erbärmlich aussehende Exemplar in der Hand und fragte noch einmal: „Wer will ihn jetzt noch haben?" Jede Hand war oben.

Ich erklärte, dass jeder ihn haben wollte, weil er zwar durch den Dreck gezogen, zerknüllt und zertrampelt worden war, aber keines dieser Dinge ihn in irgendeiner Weise entwertete. Ich hätte auch einen nagelneuen, frischen 50.000-Kwacha-Schein gehabt, aber damit könnte ich im Supermarkt auch nicht mehr einkaufen als mit meinem dreckigen, zertrampelten Schein.

Liebe/-r Freund/-in, Du magst Dich aufgrund dessen, was das Leben Dir angetan hat, schmutzig, zerknittert und am Boden zerstört fühlen oder sogar wegen einiger Entscheidungen, die Du selbst getroffen hast. Aber was auch immer Dir im Leben widerfahren ist, sagt in keiner Weise etwas über Deinen Wert aus.

Die Frage nach Deinem wahren Wert wurde vor zweitausend Jahren auf einem Hügel namens Golgatha geklärt. Dort wurde Dein Schöpfer zu Deinem Erlöser und zahlte einen Preis, den niemand sonst für Dich hätte zahlen können. Petrus sagte: *„Denn ihr wisst ja, dass ihr nicht mit vergänglichen Dingen, mit Silber oder Gold, losgekauft worden seid, ... sondern mit dem kostbaren Blut des Christus als eines makellosen und unbefleckten Lammes."* (1. Petr. 1, 18–19). Das ist Dein Wert.

Du kannst der Welt zeigen, dass Du Deinen wahren Wert kennst, indem Du Gottes Herrlichkeit durch Dich scheinen lässt. Paulus sagt: *„Denn ihr seid teuer erkauft; darum verherrlicht Gott in eurem Leib und in eurem Geist, die Gott gehören!"* (1. Kor. 6, 20).

Hast Du Dich der Gerechtigkeit Gottes unterstellt?

Paulus beschrieb, dass die *Juden „Eifer für Gott haben, aber nicht nach der rechten Erkenntnis."* (Röm. 10, 2). So wie viele religiöse Menschen waren sie zwar eifrig, haben sich aber gründlich geirrt.

Paulus fuhr dann fort, den Hauptbereich zu identifizieren, in dem ihr fehlgeleiteter Eifer am offensichtlichsten war. Er sagte: *„Denn weil sie die Gerechtigkeit Gottes nicht erkennen und ihre eigene Gerechtigkeit aufzurichten trachten, haben sie sich der Gerechtigkeit Gottes nicht unterworfen."* (Röm. 10, 3).

Die Heiden waren durch Ungerechtigkeit gekennzeichnet, die Juden aber durch Selbstgerechtigkeit. Die Heiden aßen von der „bösen Seite" des Baumes der Erkenntnis von Gut und Böse, und die Juden aßen von der „guten Seite" desselben Baumes. Satan macht sich nichts daraus, von welcher Seite man isst, solange man von diesem Baum isst. Gott möchte, dass wir vom Baum des Lebens, d. h. von Seinem Sohn Jesus Christus essen, denn Er ist uns als unsere Gerechtigkeit gegeben worden.

Traurigerweise sind die Bemühungen des Menschen, seine eigene Gerechtigkeit zu etablieren, nicht auf die Juden beschränkt. Die eigentliche Essenz und das Herz aller Religion ist so. Deshalb ist die Botschaft des Evangeliums der Gnade so einzigartig und so wunderschön. Rechtschaffenheit wird niemals durch unsere Bemühungen erreicht werden. Unsere besten Bemühungen werden niemals gut genug sein. Wir werden immer weit hinter der Herrlichkeit Gottes zurückbleiben. Aber Gott hat uns Seine Gerechtigkeit in Jesus geschenkt.

Das Lamm Gottes ist Gottes Gerechtigkeit

Wenn die Juden für ihre Sünden opferten, brachten sie ein Lamm zu ihrem Priester. Sobald der Priester das Lamm nahm, war der Israelit nicht mehr Gegenstand der Betrachtung. Ab diesem Moment richtete sich der Fokus auf das Lamm. Die Fehler- und Makellosigkeit des Lammes war dann das Einzige, was zählte.

Jesus ist das makellose Lamm Gottes. Während Seines gesamten irdischen Lebens tat Er keine Sünde, Er kannte keine Sünde und in Ihm war keine Sünde. Er erfüllte die Gerechtigkeit durch Seinen vollkommenen Gehorsam gegenüber Gott. Er war gehorsam bis zum Tod, sogar bis zum Tod am Kreuz, wo unsere Sünde ein für alle Mal ihr gerechtes Urteil erhielt. Das ist die Gerechtigkeit Gottes.

Alles, was Gottes Gerechtigkeit jemals von einem Menschen verlangt hat, wurde von Jesus in unserem Namen vollkommen erfüllt. Er ist derjenige, an dem Gott Wohlgefallen hat und in Ihm sind wir vollkommen!

Am Kreuz ließ Gott Jesus, der keine Sünde kannte, für uns zur Sünde werden. Und im Gegenzug wurde uns Seine Gerechtigkeit zugerechnet. Er ist nun unsere Gerechtigkeit (s. 1. Kor. 1, 30). Das ist Sein Name, Jehova Tsidkenu, der Herr unsere Gerechtigkeit (s. Jer. 23, 6).

Durch wessen Gehorsam bist Du gerechtfertigt?

Welche unserer Sünden hat Jesus begangen, um zur Sünde gemacht zu werden? Keine; unsere Sünden wurden Ihm zugerechnet. Welche Seiner gerechten Taten mussten wir erfüllen, um gerecht zu werden? Keine; Seine Gerechtigkeit wurde uns zugerechnet bzw. auf unser Konto gutgeschrieben. Auf der Grundlage dieses vollständigen Austausches hat Gott uns gerechtfertigt, d. h. für gerecht erklärt. Dies ist Seine ewige Aussage über uns. Außerdem wird Er uns immer als Gerechte behandeln, denn das sind wir jetzt.

So wie viele religiöse Menschen dachten die Juden fälschlicherweise, sie könnten durch ihr Verhalten gerecht werden, besonders durch ihren Gehorsam gegenüber dem Gesetz. Sie machten diesen Fehler, weil sie die Gerechtigkeit Gottes nicht erkannten. Gottes Weg zur Gerechtigkeit liegt nicht im richtigen Verhalten, sondern im richtigen Glauben. Wir handeln nicht zur Gerechtigkeit, sondern wir glauben zur Gerechtigkeit.

Durch wessen Gehorsam wirst Du gerecht – durch Deinen oder durch Seinen? Die Bibel lässt uns keinen Zweifel: *„Denn gleichwie durch den Ungehorsam des einen Menschen die Vielen zu Sündern gemacht worden sind, so werden auch durch den Gehorsam des Einen die Vielen zu Gerechten gemacht."* (Röm. 5, 19).

Er war gehorsam; wir glauben – das ist die Gerechtigkeit Gottes.

Hast Du Dich der Gerechtigkeit Gottes unterstellt?

Hat Gott einen Sinn für Humor?

In Prediger 3, 4 heißt es: „... *Lachen hat seine Zeit; ...*". Aber wann ist diese Zeit? Ist es in Ordnung, in der Gemeinde zu lachen? Ist Humor tabu, wenn es um die Predigt geht?

Viele sind bei diesem Thema geteilter Meinung. In früheren Zeiten war zum Beispiel T. Harwood Pattison dagegen und argumentierte: „Religion ist eine zu ernste Angelegenheit, um in einem trivialen oder scherzhaften Geist behandelt zu werden."

Aber andere sind anderer Meinung. Charles Spurgeon zum Beispiel sagte, dass Menschen ihren Mund öffnen, wenn sie lachen und wenn ihr Mund offen ist, kann man die Wahrheit hineinstecken!

Er verwendete von Zeit zu Zeit Humor in seinen Predigten und wurde dafür kritisiert. Seine Feinde nannten ihn einen „Kanzel-Possenreißer". Zu seinen Kritikern gehörten Journalisten, die sich gegen seinen Umgang mit Humor beim Predigen aussprachen. Im April 1855 schrieb der „Essex Standard" über ihn: „Sein Stil ist der der vulgären Umgangssprache ... Alle feierlichsten Geheimnisse unserer heiligen Religion werden von ihm grob, unfein und unwürdig behandelt. Der gesunde Menschenverstand wird beleidigt und der Anstand verletzt. Seine Tiraden sind mit derben Anekdoten durchsetzt."

Dennoch bestand John Stott darauf, dass sogar Jesus Humor benutzte, wenn er lehrte, und sagte: „Es scheint allgemein anerkannt zu sein, dass Humor eine der Waffen im Arsenal des Meisterlehrers war."

Jesus und der Humor

Dieses letzte Zitat sollte die Angelegenheit erledigen. Schließlich ist Jesus gekommen, um uns den Vater zu offenbaren. Jeder Eindruck von Gott, der nicht mit der vollkommenen Darstellung übereinstimmt, die Jesus uns vermittelt, ist ein falsches Bild und sollte zerstört werden.

Doch aus irgendeinem Grund wird Jesus immer als frömmlerisch, trübselig und traurig dargestellt. Es ist wahr, dass Seine Lehren ernste Themen ansprachen, und auch, dass Sein Auftrag Ihn zu einem grausamen Tod am Kreuz führte. Aber Er konnte nie als Spielverderber oder Partymuffel beschrieben werden. Er war oft auf Partys und vollbrachte sogar Sein erstes Wunder auf einer. (Übrigens vermute ich, dass einige sich wünschen, Er hätte den Wein in Wasser verwandelt!)

Wenn die altbekannte Frage gestellt wird: „Wenn es zehn Personen aus der Geschichte gäbe, die Sie zu Ihrer Party einladen könnten, wen würden Sie wählen?", wie kommt es dann, dass Jesus fast immer auf der Liste steht?

Welche Absicht verfolgte Jesus mit Seinem Humor?

Die Frage, ob Jesus in Seiner Zeit auf der Erde einen Sinn für Humor hatte, ist mindestens genauso wichtig wie die Frage nach der Absicht Seines Humors. In unserer Kultur verwenden wir Humor oft auf Kosten anderer, d. h., um untereinander auszuteilen. Aber Jesus benutzte Humor, um uns dazu zu bringen, über uns selbst zu lachen.

In Seiner Zeit waren die religiösen Führer die selbstgerechten Pharisäer. Das Wort „Pharisäer" bedeutet „Abgesonderter". Die Pharisäer waren nicht nur für das Gesetz abgesondert, sondern auch vom allgemeinen Treiben der Gesellschaft. Sie sahen sich selbst als moralisch blitzsauber an und wollten, dass andere sie auch so sahen.

Jesus sorgte zweifellos für viele Lacher, als er darauf hinwies, wie die Pharisäer sich sorgfältig an den Kreuzungen der belebtesten Straßen positionierten, wenn sie beteten, damit andere sie bemerken; und wie sie beim Fasten ihre Wangen einzogen und ihre Gesichter bleichten, damit andere sie für ihre Spiritualität bewundern. Und wenn sie jemanden zum Essen in ihr Haus einluden, lenkten sie die Aufmerksamkeit auf das Gewürzregal und sagten: „Ich habe den Zehnten für alles bezahlt, was auf diesem Regal liegt!"

Je mehr sie sich selbst emporhoben und ihre Selbstgerechtigkeit vor anderen zur Schau stellten, desto mehr machten sie andere mit ihrem richtenden, kritischen Geist nieder.

Jesu Sprüche sind uns heute so vertraut, dass wir den Humor darin gar nicht mehr sehen. Aber zu Seiner Zeit, als jeder so sehr versuchte, alle Regeln einzuhalten, haben diese Einzeiler seine Zuhörer zum Lachen gebracht und die dringend benötigte Erleichterung herbeigeführt. Er sagte ihnen: „Ihr siebt eine Mücke aus und verschluckt ein Kamel!" (s. Mt. 23, 24). Und Er sagte ihnen, sie sollten den Balken aus ihrem eigenen Auge ziehen, bevor sie versuchten, einen Splitter aus dem Auge eines anderen Menschen zu entfernen.

Jeder, der sich selbst zu ernst nahm, war ein Kandidat für Jesu Humor. Der richtete sich direkt gegen die Selbstgerechtigkeit.

Es *gibt* eine Zeit zum Lachen

Es gibt also eine Zeit zum Lachen. Nämlich dann, wenn wir uns dabei ertappen, wie wir uns selbst zu wichtig nehmen. Über ernste Dinge Witze zu machen ist genauso falsch wie das ernst zu nehmen, was ein Witz ist! Selbstgerechtigkeit ist ein Witz. In diesem Zusammenhang ist es sozusagen eine Form der Buße, über sich selbst zu lachen.

Denk an Deine Position!

Einer der besten Ratschläge bezüglich des christlichen Lebens, die ich je erhalten habe, war: „Denk an Deine Position!" Mit anderen Worten: Lerne, Dein Leben so zu sehen, wie Gott es sieht, d. h. so, wie Du in Christus bist. Der Begriff „in Christus" oder seine Entsprechung findet sich über 150-mal im Neuen Testament, also ist er offensichtlich entscheidend für unser Verständnis des Christseins.

Jesus war der Erste, der lehrte, dass die Beziehung, die Er mit Seinem Volk haben würde, auf ihrer Position in Ihm beruhen würde. Er sagte: *„An jenem Tag werdet ihr erkennen, dass ich in meinem Vater bin und ihr in mir und ich in euch."* (Joh. 14, 20 – Hervorhebung durch den Autor).

Jeder Mensch ist entweder in Adam oder in Christus. Und das signalisiert, wer wir in Wahrheit sind. Wir begannen unsere Reise „in Adam". In Adam waren wir Sünder und in Adam sterben wir. Aber als wir zum Glauben an Christus kamen, wurden wir in Ihn eingegliedert. Das bedeutet, dass wir unserer alten Identität in Adam gestorben sind, wir wurden mit Christus begraben, wir wurden mit Ihm zu neuem Leben auferweckt und wir sitzen jetzt mit Ihm in den himmlischen Regionen (s. Eph. 2, 6). Dies ist unsere Position. *„... denn gleichwie er ist, so sind auch wir in dieser Welt."* (1. Joh. 4, 17).

Bist Du ein Externalist oder ein Internalist?

Jeder Christ ist entweder ein Externalist oder ein Internalist. Ein Externalist betrachtet sich ständig auf der Grundlage seines Zustands. Unser Zustand besteht aus den Dingen, die wir erleben, d. h. aus den äußeren Dingen des Lebens wie unseren Werken, unserer Leistung, unseren Erfolgen, unserem Verhalten, den Meinungen und Urteilen anderer, den Dingen, die uns in der Vergangenheit widerfahren sind, usw. Ein Externalist schaut auf diese Dinge, um sich selbst zu bewerten.

Ein Internalist hingegen konzentriert sich auf seine Position. Unsere Position ist die Wahrheit über uns, basierend auf unserer Identität als neue Schöpfung in Christus. Einer meiner Lieblingssprüche lautet: „Nicht dein Zustand bestimmt über deine Position, sondern das Wissen um deine Position bestimmt deinen Zustand." Mit anderen Worten: Nicht was Du tust bestimmt, wer Du bist, sondern zu wissen, wer Du bist, bestimmt, was Du tust. Deshalb müssen wir unseren Geist tagtäglich erneuern, indem wir uns unsere Position klarmachen und nicht unseren Zustand.

Zum Beispiel: Jeder Christ sündigt. Und doch werden wir in den Briefen des Neuen Testaments nie als Sünder bezeichnet. Nicht ein einziges Mal! Wir sind Heilige; Heilige, die manchmal sündigen, aber immer noch Heilige, selbst wenn wir sündigen.

Die meisten Christen sind Externalisten. Wer heutzutage einen christlichen Buchladen besucht, wird in vielen eine Fülle von Selbsthilfebüchern vorfinden: „Zehn Wege, ein besserer Ehemann zu sein", „Sechs Schritte zur Kontrolle von Wut", „Wie man sich von Süchten befreit", „Schlüssel zur Überwindung von Angst" usw. Die Botschaft ist, an einem Aspekt Deines Zustands zu arbeiten. Das ist Veränderung durch Verhaltensmodifikation.

Werde, wer Du bist

Lass mich Dir eine Frage stellen: „Arbeitest Du an Deiner Errettung oder lebst Du Deine Errettung?" Wenn Du einige Christen fragst, wie es ihnen mit einem bestimmten inneren Kampf geht, antworten sie vielleicht: „Oh, ich arbeite daran." Das ist ihr Problem. Paulus sagt: „...*verwirklicht eure Rettung mit Furcht und Zittern; denn Gott ist es, der in euch sowohl das Wollen als auch das Vollbringen wirkt nach seinem Wohlgefallen."* (Phil. 2, 12–13). Arbeite nicht *an* Deiner Errettung, sondern wirke Deine Errettung *aus*.[1] Wir wirken das aus, was Gott in uns hineingewirkt hat. Als Gott uns gerettet hat, hat Er uns in unserem tiefsten Inneren, in unserem Geist, gerecht gemacht. Liebe/-r Freund/-in, arbeite nicht daran, gerecht zu werden; Du bist bereits gerecht gemacht worden. Wisse, wer Du bist, glaube, wer Du bist, und Du wirst werden, wer Du bist. Sei Dir Deiner Position bewusst!

---

1 D. h., praktiziere Deine Errettung, lebe sie aus, lass sie sich auswirken. Im englischen Original schreibt Ken Legg hier: „Don't work *on* your salvation. Work *out* your salvation."; „... mit Furcht und Zittern" ist ein jüdischer Ausdruck für „... in Ehrfurcht vor Gott"; – Anm. d. Übers.

TAG 5

Hat Jakobus ein anderes Evangelium gelehrt?

Im Jakobusbrief lesen wir: *„So seht ihr nun, dass der Mensch durch Werke gerechtfertigt wird und nicht durch den Glauben allein."* (Jak. 2, 24). Verständlicherweise sind viele Gläubige durch diese Worte sowohl verwirrt als auch beunruhigt worden. Es scheint, dass Jakobus einen völlig anderen Weg der Errettung lehrt als Paulus.

Paulus sagt, dass der Glaube an Christus der einzige Weg ist, wie ein Mensch vor Gott gerechtfertigt werden kann. Zum Beispiel: *„So kommen wir nun zu dem Schluss, dass der Mensch durch den Glauben gerechtfertigt wird, ohne Werke des Gesetzes."* (Röm. 3, 28) und: *„... (doch) weil wir erkannt haben, dass der Mensch nicht aus Werken des Gesetzes gerechtfertigt wird, sondern durch den Glauben an Jesus Christus, so sind auch wir an Christus Jesus gläubig geworden, damit wir aus dem Glauben an Christus gerechtfertigt würden und nicht aus Werken des Gesetzes, weil aus Werken des Gesetzes kein Fleisch gerechtfertigt wird."* (Gal. 2, 16).

Aber Jakobus scheint das Gegenteil zu sagen; dass wir durch unsere Werke gerechtfertigt werden. Aus diesem Grund wollte Martin Luther, dessen Lehre von der „Rechtfertigung allein durch den Glauben an Christus" die Reformation begründete, den Jakobusbrief ganz aus der Bibel streichen! Er nannte ihn eine „stroherne Epistel".

Aber wir wissen, dass die ganze Schrift von Gott inspiriert ist und obwohl es einige scheinbare Widersprüche geben mag, gibt es keine wirklichen Unstimmigkeiten zwischen den verschiedenen Teilen der Bibel, wenn sie richtig verstanden werden. Wie können wir also Jakobus und Paulus in Einklang bringen?

Jakobus und Paulus sind sich einig über das Evangelium

Erstens wissen wir, dass Jakobus in der Frage der Rechtfertigung durch den Glauben nicht im Widerspruch zu Paulus stand. Beide Männer waren ein wesentlicher Teil des Konzils von Jerusalem, als diese Lehre unter Beschuss war. Judaisten lehrten, dass es für Heidenchristen zur Errettung notwendig sei, beschnitten zu werden und das Gesetz zu halten (s. Apg. 15, 1+5). Die Kirchenführer kamen damals zusammen, um diese Angelegenheit zu diskutieren. Während des Konzils wurde einhellig und ein für alle Mal festgestellt, dass wir nicht durch unsere Werke gerettet werden, sondern durch Gottes Gnade, allein durch den Glauben an Christus (z. B. Apg. 15, 9–11).

Paulus schrieb sowohl den Römer- als auch den Galaterbrief mit dem ausdrücklichen Ziel, Gottes Weg der Gerechtigkeit zu verdeutlichen:

- Der Römerbrief wurde geschrieben, um das wahre Wesen des Evangeliums zu erklären, dass wir allein durch den Glauben an Christus gerecht gemacht werden.
- Der Galaterbrief wurde geschrieben, um die Aussagen falscher Lehrer zu korrigieren. Diese verleiteten neue Christen zu dem Glauben, auch sie müssten das Gesetz halten, um mit Gott im Reinen zu sein.

Der Zweck des Jakobusbriefes war nicht, den Weg der Rechtfertigung zu erklären. Es ging darum, verschiedene Lehrinhalte zu einer Reihe von unterschiedlichen Themen zu vermitteln. Aber indem er das tut, scheint eine seiner Aussagen zu implizieren, dass wir durch unsere Werke gerechtfertigt werden. Wie können wir das also mit der klaren Lehre des Paulus vereinbaren, dass wir durch den Glauben gerechtfertigt werden?

1) Lass niemals zu, dass das Unklare das Eindeutige aufhebt

Ich möchte dieses Prinzip hier veranschaulichen. Welche Quelle würdest Du verwenden, um etwas über das Buch der Epheser zu erfahren? Würdest Du ein Buch lesen, in dem der Autor den Epheserbrief nur beiläufig erwähnt, oder würdest Du einen ausführlichen Kommentar zum Epheserbrief studieren, der den Brief Vers für Vers auslegt? Natürlich würdest Du zu dem Kommentar greifen, der den Brief in der Tiefe und im Detail erklärt. In ähnlicher Weise würden wir nicht auf der Grundlage einiger von Jakobus beiläufig erwähnter Worte versuchen, das Thema der Rechtfertigung zu verstehen.

Stattdessen würden wir speziell jene Briefe lesen, die zur Verdeutlichung der Wahrheit über die Lehre der Rechtfertigung geschrieben worden sind. Lass niemals zu irgendeinem Thema das Uneindeutige die klare Lehre des Wortes Gottes aufheben.

2) Paulus lehrt über Rechtfertigung; Jakobus lehrt über den Glauben

Jakobus stellt nicht infrage, ob wir durch den Glauben gerechtfertigt sind. Wie wir gesehen haben, stimmt er mit Paulus überein, dass dies der einzige Weg zu unserer Errettung ist. Er versucht vielmehr, das jeweilige Glaubensbekenntnis eines Menschen einer Prüfung zu unterziehen. Er stellt zum Beispiel infrage, ob jemand, der zu frierenden und hungrigen Menschen sagt: „Geht hin in Frieden, wärmt und sättigt euch!", wirklich glaubt, dass diejenigen satt und gewärmt werden. Auf welcher Grundlage? Glaubt dieser Mensch wirklich, leere Mägen würden automatisch gefüllt und nackte Körper automatisch bekleidet, nur weil er das sagt? Diese Art von Glauben entbehrt jeglicher Grundlage.

Wenn nun jemand diese Art von Glauben bezüglich seiner Brüder und Schwestern hat, welche Art von Glauben hatte er dann, als er sich zum Glauben an Christus bekehrte? Jakobus fragt: *„Kann ihn denn dieser Glaube retten?"* (Jak. 2, 14).

Wahrer Glaube ist viel mehr, als nur ein Bekenntnis abzulegen oder einer Sache innerlich zuzustimmen. Selbst die Dämonen glauben, dass Gott real ist. Aber werden sie gerettet? Nein! Echter Glaube führt dazu, dass eine Person ihr Vertrauen ganz auf das vollendete Werk Christi am Kreuz zur Errettung setzt. Die Dämonen tun das nicht. Jakobus stellt die Echtheit des Glaubens derer infrage, die behaupten, gläubig zu sein. Er lehrt nicht eine andere Art der Rechtfertigung als Paulus.

3) Paulus befasst sich mit der Rechtfertigung vor Gott; Jakobus befasst sich mit der Rechtfertigung vor Menschen

Dies führt uns zu einer weiteren, wichtigen Unterscheidung. Paulus beschäftigt sich mit der Rechtfertigung vor Gott. In seiner gesamten Lehre im Römer- und Galaterbrief ist die ganze Frage der Rechtfertigung eine Angelegenheit zwischen uns und Gott. Er ist derjenige, der die Rechtfertigung vornimmt. Er sieht diejenigen, die ihr Vertrauen auf Christus setzen, und erklärt sie für gerecht.

Jakobus hingegen geht es darum, dass das Glaubensbekenntnis eines Menschen vor den Menschen gerechtfertigt (oder verifiziert) wird. Er sagt: *„Beweise mir doch deinen Glauben aus deinen Werken, und ich werde dir aus meinen Werken meinen Glauben beweisen!"* (Jak. 2, 18 – Hervorhebung durch den Autor).

Nur wenn wir dies begreifen, können wir den Verweis des Jakobus auf Abraham verstehen, der gerechtfertigt wurde, als er bereit war, Isaak zu opfern.

Abraham wurde von Gott gerechtfertigt, lange bevor er Isaak darbrachte; tatsächlich sogar, bevor Isaak geboren wurde (s. 1. Mo. 15, 6). Aber sein Gehorsam schwankte viele Male und ließ uns mit der Frage zurück: „Hat er wirklich geglaubt?" Gott wusste die ganze Zeit, dass er ein wahrer Gläubiger war, und rechtfertigte ihn in dem Moment, als er glaubte. Aber ein Beobachter würde fragend zurückbleiben.

Von der Zeit, als Abraham für gerecht erklärt wurde, bis zu dem Tag, an dem er bereit war, Isaak zu opfern, vergingen Jahrzehnte. Zu diesem Zeitpunkt wurde sein Glaube für alle sichtbar unter Beweis gestellt. Unsere Taten lassen andere wissen, dass unser Glaube echt ist. Aber vor Gott war er bereits gerechtfertigt. In 1. Mose 15 war er bereits vor Gott gerecht gemacht worden; das ist es, worauf sich Paulus bezieht. In 1. Mose 22 wurde er vor den Menschen gerechtfertigt; das ist es, worauf Jakobus sich bezieht.

Die Werke sind die Frucht der Gerechtigkeit. Aber das Hauptaugenmerk auf die Frucht zu legen, wird niemals die Frucht hervorbringen. Wenn man jedoch den Nährboden in den Vordergrund stellt, durch den die Frucht wächst, werden die Auswirkungen folgen. Die Hervorhebung der Gnade wird in Werken resultieren. Gnade wird immer gute Werke hervorbringen. Werke werden niemals Gnade hervorbringen. Liebe/-r Freund/-in, alle Apostel waren sich in diesem Punkt zu 100 Prozent einig: Wir werden durch den Glauben an Christus gerecht gemacht. Lass niemals zu, dass falsche Lehren einen Apostel gegen den anderen ausspielen. Das führt zum Versuch, sich durch eigene Werke gerecht zu machen. Die Frage Deiner Errettung wurde am Kreuz entschieden. Ruhe darin.

TAG 6

Die Segnungen der Gerechten

Nach der Schöpfung war Gottes erste Handlung gegenüber dem Menschen, dass er ihn segnete. Dies ist Gottes Wille für uns. Das hebräische Wort für „segnen" ist „barak" oder „baruch", was so viel bedeutet wie „befähigen, zu gedeihen", in allen Bereichen – geistlich, physisch, sozial, beziehungsmäßig, materiell, emotional usw.

Nachdem Gott Adam erschaffen hatte, setzte Er ihn in einen Garten. Den sollte er bewirtschaften, d. h. ihn kultivieren, gestalten und bearbeiten, sodass er Früchte tragen würde.

Die Grundlage des Segens ist eine richtige Beziehung zu Gott

Die Grundlage des Segens ist die richtige Beziehung zu Gott. Als Adam Gott ungehorsam war und sich von Ihm löste, erfuhr er den Fluch. Das „Bearbeiten" wurde durch das „Schuften" ersetzt. Der Fluch des Gesetzes bedeutet, dass wir uns abmühen müssen, das zu bekommen, was Gott uns ursprünglich geschenkt hat.

Aber gleich nach dem Sündenfall gab Gott die Verheißung eines Erlösers. Der Same der Frau würde kommen und der Schlange den Kopf zertreten und den Fluch aufheben und den Segen wiederherstellen. Die Grundlage des Segens würde dann, wie zuvor, die richtige Beziehung zu Gott sein.

Aber es gibt einen Unterschied: Wir würden nicht wieder unschuldig werden, wie Adam es vor dem Sündenfall war, sondern gerecht.

- Unschuld bedeutet, dass es keine Schuld vor Gott gibt ... noch nicht! Aber wir leben mit dem Wissen, dass wir sündigen können und werden, was zum Gericht führt.
- Im Gegensatz dazu bedeutet Gerechtigkeit, dass uns die vollkommene Gerechtigkeit Christi zugerechnet wird und wir deshalb dauerhaft „vor Gott gerecht" sind, d. h. die Voraussetzungen für Seinen Segen sind immer gegeben.

Wir werden gesegnet, weil wir gerechtfertigt sind. Christus hat uns vom Fluch des Gesetzes befreit, indem Er für uns zum Fluch wurde, damit wir den Segen Abrahams erfahren können (s. Gal. 3, 9–14). Wenn wir das nicht verstehen, werden wir jedes Mal denken, dass Gott uns für irgendeine persönliche Sünde oder sogar eine Sünde unserer Vorfahren bestraft, wenn etwas in unserem Leben schiefläuft. Viele Christen leben auf diese Weise.

Der Segen Abrahams

Schauen wir uns ein Beispiel für den Segen der Gerechtigkeit im Leben Abrahams an. Als er nach Ägypten hinab zog, hatte er Angst vor den Ägyptern. Seine Frau war wunderschön und er fürchtete, die Ägypter würden ihn töten, damit sie Sarah haben könnten. Also sagte er zu ihr: „Sag, dass du meine Schwester bist."

Dieser Plan ging so weit, dass der Pharao sie zu sich nahm. Er war im Begriff, mit ihr zu schlafen, aber da plagte Gott ihn und sein Haus mit „großen Plagen".

Als der Grund dafür aufgedeckt wurde, beschimpfte der Pharao Abraham für sein Verhalten. Daraufhin gab er ihm Sarah zurück und schenkte ihm viele Schafe, Rinder, Diener, Silber, Gold usw.

- Frage: Wer hat gesündigt?
- Antwort: Abraham
- Frage: Wer wurde geplagt?
- Antwort: Pharao
- Frage: Wer wurde gesegnet?
- Antwort: Abraham

Das ist nicht fair!

An dieser Stelle kann ich fast den Aufschrei hören: „Unfair!" Vielleicht denkst Du sogar, ich hätte die Bibel falsch gelesen. Nein, das habe ich nicht. Tatsächlich ereignete sich einige Zeit später noch einmal eine fast identische Situation, als Abraham in das Land Gerar ging. Der König von Gerar, Abimelech, wurde ebenfalls dazu verleitet zu glauben, dass Sarah Abrahams Schwester sei. Also nahm er sie, in der Absicht, sie als seine Frau zu haben.

Aber Gott kam zu ihm im Traum und sagte: „Du bist ein toter Mann, wenn du diese Frau anrührst! Sie ist verheiratet. Gib sie jetzt ihrem Mann zurück, sonst bist du tot!" Abimelech stand am nächsten Morgen früh auf (Das würdest Du auch tun!) und gab Abraham Sarah zurück und schenkte ihm auch viele Schafe, Ochsen, Diener und Silber.

- Frage: Wer hat gesündigt?
- Antwort: Abraham
- Frage: Wer wurde von Gott getadelt?
- Antwort: Abimelech
- Frage: Wer wurde gesegnet?
- Antwort: Abraham

Aus dem Text geht hervor, dass Abraham dies nicht nur ein- oder zweimal getan hat; es war sein übliches Vorgehen, wohin auch immer er unterwegs war (s. 1. Mo. 20, 13). Wie konnte also Gott, der die Menschheit wegen der Sünde verflucht hatte, Abraham nicht für seine Sünde bestrafen? In der Tat segnete Er ihn, obwohl er sündigte! Der Grund dafür ist, dass Abraham zwar nicht unschuldig, aber doch dauerhaft gerecht war.

Gott rechnet dem Gerechten keine Sünde zu. In Römer 4 spricht Paulus über unsere Gerechtigkeit in Christus. Dort zitiert er David, der sagte: *„Glückselig sind die, deren Gesetzlosigkeiten vergeben und deren Sünden zugedeckt sind; glückselig ist der Mann, dem der Herr die Sünde nicht anrechnet!"* (Röm. 4, 7–8). Unter dem Neuen Bund verspricht Gott: *„… ich werde gnädig sein gegen ihre Ungerechtigkeiten, und an ihre Sünden und ihre Gesetzlosigkeiten werde ich nicht mehr gedenken."* (Hebr. 8, 12).

Es gibt Konsequenzen für falsches Handeln. Wenn wir auf das Fleisch säen, werden wir vom Fleisch Verderben ernten – nicht von Gott (s. Gal. 6, 8). Gott rechnet uns unsere Sünden nicht an, weil sie Christus zugerechnet worden sind. Stattdessen wird uns immer die Gerechtigkeit Christi zugerechnet. Deshalb gibt es keine Verdammnis für diejenigen, die in Christus sind – nicht jetzt und nicht in Zukunft. Wir sind gesegnet durch Jesus!

Das ist die gute Nachricht des Evangeliums der Gnade: *„…, weil nämlich Gott in Christus war und die Welt mit sich selbst versöhnte, indem er <u>ihnen ihre Sünden nicht anrechnete</u> …"* (2. Kor. 5, 19 – Hervorhebung durch den Autor). Wenn Du in Christus bist, wird Gott Dir Deine Sünden niemals zurechnen.

Wer definiert Dich – Dein Kritiker oder Christus?

Wie gehst Du mit Kritik um? Wahrscheinlich hast Du schon bemerkt, dass manche Menschen es als ihre Aufgabe ansehen, Dich auf Deine Fehler und Schwächen hinzuweisen.

Liebst Du nicht auch die Art und Weise, wie sie es so verpacken, dass es geistlich klingt? Sie sagen zum Beispiel nicht: „Es gibt etwas, das ich an dir nicht mag und das ich mir gerne von der Seele reden möchte." Stattdessen verkünden sie, sie hätten ein „Wort des Herrn" für uns. Oder sie versuchen, ihr verurteilendes Verhalten dadurch zu verschleiern, dass sie es eine „Gabe der Unterscheidung" nennen. In Wahrheit haben sie eine Gabe der Kritik!

Man sagt, dass Fehler wie die Scheinwerfer eines Autos sind. Autofahrer neigen dazu, die Scheinwerfer der anderen zu bemerken, aber nicht ihre eigenen. Jesus lehrte Seine Jünger, den Balken aus ihrem eigenen Auge zu entfernen, bevor sie versuchen, den Splitter aus dem Auge eines anderen zu ziehen.

Man muss schon sehr genau hinschauen, um einen Splitter im Auge eines anderen zu bemerken. Und genau das scheinen einige zu tun. Sie suchen eifrig nach Dingen, die sie an anderen kritisieren können.

In einer kritischen, verurteilenden Welt müssen wir lernen, wie man mit Kritik umgeht. Hier sind zwei Dinge, die ich dabei als hilfreich empfunden habe:

Sei Dir darüber im Klaren, wem gegenüber Du rechenschaftspflichtig bist

Wir müssen nicht jedem gegenüber Rechenschaft ablegen, der uns kritisiert oder uns auffordert, uns vor ihm zu erklären. Letztendlich verleiht es unseren Kritikern sogar noch Glaubwürdigkeit und verstärkt ihre Auffassung, wir wären ihnen gegenüber rechenschaftspflichtig, wenn wir auf ihre Fragerei antworten.

Jesus wurde von den Hohenpriestern und Ältesten bezüglich Seiner Lehre bedrängt und befragt und Er reagierte darauf mit den Worten: „Ich werde euch eine Frage stellen, und wenn ihr mir antwortet, werde ich eure Frage beantworten!" (s. Mt. 21, 24). Sie waren nicht bereit, Seine Frage zu beantworten und Rechenschaft abzulegen; deshalb ging Jesus auch nicht auf ihr Gezeter ein. Nur weil uns jemand zur Rede stellt, sind wir nicht verpflichtet, uns ihm gegenüber zu erklären.

Paulus wurde von den fleischlichen Christen in Korinth kritisiert. Aber er hat ihre Meinung nicht allzu hoch bewertet. Er sagte: *„Mir aber ist es das Geringste, dass ich von euch ... beurteilt werde."* (1. Kor. 4, 3).

Das bedeutet nicht, dass wir nicht für unsere Handlungen verantwortlich sind. Wir alle haben blinde Flecken, und manchmal brauchen wir andere, die uns auf diese hinweisen. Das ist einer der Wege, wie wir wachsen können. Diese Art von Transparenz gibt es in engen Beziehungen zu anderen. Im Buch der Sprüche lesen wir: *„Besser Zurechtweisung, die aufdeckt, als Liebe, die verheimlicht. Treu gemeint sind die Schläge des Freundes, aber reichlich sind die Küsse des Hassers."* (Spr. 27, 5–6).

Wir wissen, dass unsere Freunde nur das Beste für uns wollen. Wenn Du treue Freunde hast, die Dir in Liebe die Wahrheit sagen, dann bist Du gesegnet. Diese Art von Offenheit und Freimütigkeit beruht auf Gegenseitigkeit. Sie ist ein wichtiger Teil einer gegenseitig erbaulichen Beziehung. Das ist konstruktive Kritik im Gegensatz zu Kritik, die darauf abzielt, Dich zu verletzen und Dich herunterzuziehen.

Sei achtsam, wem Du erlaubst, Dich zu definieren

Kritik hat die Macht, uns zu entmutigen und sogar zu lähmen. Worte sind mächtig und manchmal mächtig zerstörerisch. Wenn wir nicht auf der Hut sind, kann es sogar passieren, dass wir von unseren Kritikern falsche Botschaften über unsere Identität erhalten.

Wenn Du mit Deinen Kritikern zu tun hast, ist es zunächst wichtig, zu verstehen, dass Kritik oft mehr über sie selbst aussagt als über Dich. Menschen, die sich nicht gut mit sich selbst fühlen, neigen dazu, andere zu beurteilen. Sie kennen nur einen Weg, wie sie sich selbst aufrichten können: Indem sie andere herunterziehen.

Aus diesem Grund müssen wir achtsam sein, wem wir erlauben, uns zu definieren.

Ich hörte einmal eine Geschichte über ein Gemälde, das im Louvre in Paris hing. Zwei Männer standen lange Zeit davor und kritisierten das Kunstwerk auf abfällige Weise. Zur gleichen Zeit reinigte der Hausmeister den Boden in ihrer Nähe. Währenddessen nahmen die beiden Männer das Gemälde mit ihren negativen und kritischen Beobachtungen weiter auseinander.

Schließlich konnte der Hausmeister es nicht mehr ertragen. Er sagte: „Entschuldigen Sie bitte, meine Herren. Dieses Gemälde steht nicht vor Gericht. Es ist bereits untersucht worden und hat die Prüfung bestanden. Deshalb hängt es hier in dieser Galerie. Sie sind es, die jetzt vor Gericht stehen!"

Liebe/-r Freund/-in, unser Verhalten kann manchmal auf den Prüfstand kommen. Es gibt immer Raum für Verbesserungen. Wir wachsen in der Gnade. Aber verwechsele nicht Dein Verhalten mit dem, wer Du als Person bist. Kritik mag sich auf die Art und Weise beziehen, wie Du Dein Leben lebst, aber lass Dich davon niemals definieren.

Die Wahrheit über Dich wurde vor 2000 Jahren laut und deutlich verkündet. Das Urteil wurde gefällt. Am Kreuz hat Jesus in unmissverständlichen Worten aller Welt Deinen unübertrefflichen Wert mitgeteilt. Und durch Seine Auferstehung hat Er Deine Gerechtigkeit für immer besiegelt.

Das ist es, was Du bist – ewig geliebt, von Gott hoch geschätzt und dauerhaft gerechtfertigt. Dein Porträt hängt in Gottes Galerie, damit alle es sehen können. Erlaube Deinen Kritikern niemals, Dich zu definieren.

Der Gnadentest

Bist Du gesetzlich? Bevor Du diese Frage beantworten kannst, möchtest Du wahrscheinlich meine Definition von „Gesetzlichkeit" erfahren. Natürlich kann dieses Wort für verschiedene Menschen unterschiedliche Dinge bedeuten.

Wie kann man herausfinden, ob man ein Opfer von Gesetzlichkeit geworden ist? In meinen „Radical grace" (Radikale Gnade)-Seminaren versuche ich, Menschen dabei zu helfen, diese Frage für sich zu klären. Ich stelle zehn einfache Fragen, die mit „Ja" oder „Nein" beantwortet werden müssen. Schau einmal, wie Du mit dem Test zurechtkommst. Hinweis: Um davon zu profitieren, ist es wichtig, dass Du mit Deinen Antworten völlig ehrlich bist.

Der Gnadentest

1. Wenn Du das Wort „Heiligkeit" hörst, löst es bei Dir negative Gefühle aus (z. B.: Fühlst Du Dich in dieser Hinsicht unzulänglich oder als Versager)? Ja/Nein
2. Wenn Du sündigst, glaubst Du, dass Du diese Sünde bekennen musst, um die Gemeinschaft mit Gott wiederherstellen zu können? Ja/Nein
3. Wenn Du darüber nachdenkst, wie Gott Dich sieht, denkst Du dabei an Deine Leistung, d.h. an Deine guten oder schlechten Taten? Ja/Nein
4. Ist Dir die Anerkennung durch andere, insbesondere durch geistliche Leiter, wichtig? Ja/Nein
5. Wirst Du durch Schuldgefühle motiviert oder manipuliert? Ja/Nein

6. Setzt Du Schuldgefühle ein, um andere zu motivieren oder zu manipulieren? Ja/Nein
7. Glaubst Du, dass das Zahlen des Zehnten ein Schlüssel zu finanziellem Segen ist? Ja/Nein
8. Musst Du erfolgreich sein, um Dich gut zu fühlen? Ja/Nein
9. Fühlst Du Dich in Verhaltensmustern gefangen, die regelmäßig zum Scheitern führen? Ja/Nein
10. Bist Du erschöpft von dem Versuch, ein christliches Leben zu führen und fragst Dich nach dem „sanften Joch" und der „leichten Last", von denen Jesus sprach? Ja/Nein

Wenn Du eine der Fragen mit „Ja" beantwortet hast, ist es wahrscheinlich, dass Du Gesetzlichkeit zum Opfer gefallen bist.

Die Definition von Gesetzlichkeit und Gnade

Ich habe bereits erwähnt, dass Du eine Definition dieser Begriffe brauchst, um zu erkennen, ob Du gesetzlich bist oder nicht. Hier sind meine Definitionen von Gesetzlichkeit und Gnade:

- Gesetzlichkeit ist der Glaube, dass meine Werke die Grundlage für Gottes Annahme und Segen sind. In diesem Fall liegt der Fokus immer auf mir selbst.
- Gnade ist der Glaube, dass das Werk Jesu die Grundlage für Gottes Annahme und Segen ist, d. h., dass ich aufgrund Seines Werkes für jeden Segen immer genüge und außerdem immer vollkommen angenommen bin. In diesem Fall liegt der Fokus immer auf Jesus.

Wo ist Dein Fokus? Vor Kurzem nahm ich mir die Zeit, ein Buch zu lesen, das ich vor vielen Jahren gekauft hatte. Ich war etwa zu einem Drittel durch und begann zu spüren, dass ich mich verurteilt fühlte. Der Grund war bald offensichtlich. Es gab eine Überbetonung dessen, was ich als Christ tun sollte. Das führte zu vermehrter Selbstbetrachtung, was in Verdammnis mündete. Mein Fokus hatte sich von Jesus und Seiner Gerechtigkeit auf mich und meine Gerechtigkeit verlagert. Ich verlagerte dann meinen Fokus und mein Vertrauen schnell wieder auf Jesus. Problem gelöst!

Wahrscheinlich ist eine der bekanntesten Definitionen von Gnade, dass sie die unverdiente Gunst Gottes ist. Sam Storms sagt: „Gnade hört auf, Gnade zu sein, wenn Gott gezwungen ist, sie angesichts menschlicher Verdienste zu gewähren. Gnade hört auf, Gnade zu sein, wenn Gott gezwungen ist, sie angesichts menschlichen Versagens zu entziehen."

Der Gesetzlichkeit entkommen

Eine Gnadenrevolution erfasst zurzeit die gesamte Kirche. Viele Christen vollziehen den Übergang von der Gesetzlichkeit zur Gnade. Lasst uns noch einmal meine Definition dieser beiden Begriffe betrachten:

- Gesetzlichkeit ist der Glaube, dass meine Werke die Grundlage für Gottes Annahme und Segen sind.
- Gnade ist der Glaube, dass das Werk Jesu die Grundlage für Gottes Annahme und Segen ist, d. h., dass ich aufgrund Seines Werkes immer für jeden Segen genüge und vollkommen angenommen bin.

Gesetzlichkeit sagt: „Tue." Gnade sagt: „Getan!" Ich kann nichts dafür tun, dass Gott mich mehr liebt; und ich kann nichts dafür tun, dass Er mich weniger liebt.

Das ist Gnade. Wenn wir versuchen, unsere Beziehung zu Gott und das christliche Leben durch Gesetzestreue zu leben, verlassen wir den Bereich der Gnade. Gesetzlichkeit macht die Gnade Gottes zunichte.

Von Menschen gemachte Gesetze

Natürlich brauchen wir nicht das Gesetz des Mose, um gesetzlich zu sein. Die Kirche hat sich in der Gesetzlichkeit auch ohne das alttestamentliche Gesetz hervorgetan.

Wenn menschengemachte Gebote über einen langen Zeitraum hinweg konsequent gelehrt werden, verwechseln die Menschen sie schließlich mit Gottes Wort. Zum Beispiel fügten die

Schriftgelehrten und Ältesten nach der babylonischen Gefangenschaft, zwischen 400 v. Chr. und 30 v. Chr., Tausende von Regeln zu den 613 Geboten der Thora (dem alttestamentlichen Gesetz) hinzu. Zur Zeit Christi wurden diese von Menschen gemachten Traditionen sogar höher angesehen als die Gebote des Gesetzes selbst. Genau darauf bezog sich Jesus, als er zu den Schriftgelehrten und Pharisäern sagte: *„Und warum übertretet ihr das Gebot Gottes um eurer Überlieferung willen?"* (Mt. 15, 3).

Und auch zur Zeit des Paulus geschah bereits etwas Ähnliches in der Kirche. In seinem Brief an die Kolosser schreibt er diese Warnung: *„Habt Acht, dass euch niemand beraubt durch die Philosophie und leeren Betrug, gemäß der Überlieferung der Menschen, gemäß den Grundsätzen der Welt und nicht Christus gemäß."* (Kol. 2, 8). Später in diesem Kapitel schreibt Paulus: *„Wenn ihr nun mit Christus den Grundsätzen der Welt gestorben seid, weshalb lasst ihr euch Satzungen auferlegen, als ob ihr noch in der Welt lebtet? ,Rühre das nicht an, koste jenes nicht, betaste dies nicht!' – was doch alles durch den Gebrauch der Vernichtung anheimfällt – (Gebote) nach den Weisungen und Lehren der Menschen?"* (Kol. 2, 20–22).

Hüte Dich vor der Kirchenpolizei!

In der ganzen Geschichte der Kirche hat Gesetzlichkeit um sich gegriffen. Sie erreichte wahrscheinlich ihren Höhepunkt während des finsteren Mittelalters. Zu dieser Zeit wurden die Christen zu dem Glauben veranlasst, Gott würde sie umso mehr mögen, je mehr Schmerzen sie sich selbst zufügten. Es wurden verschiedene Formen der Askese praktiziert, wie das Tragen grober Kleidung, das Hochkriechen auf Steinstufen bis die Haut an Händen und Knien aufgerissen war usw.

Aber auch in der heutigen Zeit haben wir Gesetze über solche Dinge, z. B. was für Christen akzeptable Kleidung ist, was wir essen und trinken dürfen und was nicht, Regeln für die „Stille Zeit" (d. h. Gott wird Dich im Verhältnis zu der Zeit, die Du mit

Bibellesen und Beten verbringst, segnen) usw. Ich erhielt sogar eine Broschüre, in der für eine bestimmte Art von christlicher Musik geworben wurde. Die Broschüre trug den Titel: „Musik, die Gott gefällt". Ich erinnere mich, dass ich dachte, der Autor dieses Prospekts müsse wohl Gottes CD-Sammlung gesehen haben!

Als ich Christ wurde, nahm mich ein wohlmeinendes Ehepaar in unserer Ortsgemeinde unter ihre Fittiche. In ihrer Anleitung zur Nachfolge sagten sie zu mir: „Ken, jetzt, wo du Christ bist, darfst du nicht mehr ins Kino gehen." Ich fragte: „Warum?" Sie antworteten: „Nun, wenn Jesus für seine Gemeinde auf die Erde zurückkommt, wird er doch nicht ins Kino gehen und nach dir suchen, oder?" Ich ließ beschämt den Kopf hängen und sagte: „Nein. Was habe ich mir nur dabei gedacht?"

Und dann ist da noch das Ehepaar, das an jedem Sabbat die Schaukel aus dem Käfig des Wellensittichs entfernte. Ich vermute, dass es für den Wellensittich falsch gewesen wäre, sich am Sabbat zu vergnügen. (Wenn es sich gut anfühlt, muss es Sünde sein!)

Hüte Dich vor der Kirchenpolizei! Diese Leute meinen, es sei ihre Aufgabe, Dich zu kontrollieren. Sie wollen damit sicherstellen, dass Du Dich an die Regeln hältst. Ich nenne sie „christliche Reiseveranstalter". Sie lieben es, Menschen auf Schuldtrips zu schicken!

Beraube die Gnade Gottes nicht ihrer Wirksamkeit!

Paulus sagte zu den Kolossern, dass von Menschen gemachte Regeln für das christliche Leben völlig nutzlos sind: „*... die freilich einen Schein von Weisheit haben in selbst gewähltem Gottesdienst und Demut und Kasteiung des Leibes, (und doch) wertlos sind und zur Befriedigung des Fleisches dienen.*" (Kol. 2, 23).

Tatsächlich schreibt er an die Galater, dass Gesetzlichkeit schlimmer als nutzlos ist. Die Galater wurden auch davon bedrängt. Paulus sagt, dass Gesetzlichkeit schädlich ist, weil sie die Gnade Gottes aufhebt oder beiseitestellt (s. Gal. 2, 21). Er sagt weiter, dass diejenigen aus der Gnade gefallen sind, die versuchen, durch das Gesetz mit Gott in Beziehung zu treten (s. Gal. 5, 4). Das bedeutet nicht, dass sie ihre Erlösung verloren haben. Es bedeutet jedoch, dass sie Gottes in und durch sie wirkende Gnade nicht mehr erfahren. Sie sind zu den Mitteln des Fleisches zurückgekehrt.

Dieser Vers besagt in der *King James Bibel*,[2] dass Christus keine Auswirkung für denjenigen hat, der nach dem Gesetz lebt. Christus hat keine Auswirkung auf Dich in jedwedem Bereich Deines Lebens – Deinem christlichen Wandel, Deiner Ehe, Deinem Dienst usw. –, wo Du versuchst, nach Regeln und Vorschriften zu leben. Du hast die Gnade Gottes in diesem Aspekt Deines Lebens zunichtegemacht.

Beherzigen wir den Rat des Paulus an diese Christen: „*So steht nun fest in der Freiheit, zu der uns Christus befreit hat, und lasst euch nicht wieder in ein Joch der Knechtschaft spannen!*" (Gal. 5, 1).

---

2 Eine englische Version der Bibelübersetzung, die nahe am Urtext ist. – Anm. d. Übers.

Mythen über die Gnade:
#1 Das Gesetz wird mir helfen, gegen die Sünde zu kämpfen

Ein weit verbreiteter Glaube ist, dass das Gesetz uns hilft, gegen die Sünde zu kämpfen und ein gottgefälliges Leben zu führen. Das ist ein Mythos. Sogar Paulus wurde durch diese Lüge getäuscht.

Die meisten Christen wissen, dass wir in Apostelgeschichte 9 einen Bericht über die Errettung des Paulus lesen können. Viele wissen jedoch nicht, dass er uns in Römer 7 sein eigenes Zeugnis darüber abgibt, wie er nach seiner Errettung versuchte, die Macht der Sünde mithilfe des Gesetzes zu besiegen. Er erklärt, wie er dachte, dass er ein heiliges Leben führen würde, wenn er mit dem Gesetz kooperieren würde. Später bekennt er, dass er betrogen wurde: *„Denn die Sünde nahm einen Anlass durch das Gebot und verführte mich und tötete mich durch dasselbe."* (Röm. 7, 11).

Höchstwahrscheinlich bist auch Du schon auf diese Lüge hereingefallen. Vielleicht hast Du schon Predigten gehört, die in etwa so lauten: „Wenn Du mehr Kraft in Deinem Leben willst, musst Du mehr Zeit im Gebet verbringen." Und Du hast geantwortet: „Ja! Das werde ich tun. Von nun an werde ich jeden Morgen früher aufstehen und zwei Stunden lang beten. Ich werde ein Mensch des Gebets sein. Ich werde ein kraftvoller Christ sein!"

Hat das zu mehr Stärke in Deinem Leben geführt? Nein. (Denke daran, dass für alles, was Gott in Deinem Leben tun möchte, bereits bezahlt ist.) Und wie lange hast Du das durchgehalten? Wahrscheinlich ein bis zwei Wochen. Du wurdest getäuscht, genauso wie Paulus.

Das Gesetz verleitet uns zur Sünde, nicht zur Heiligkeit!

Paulus erklärt, dass das Gesetz genau den gegenteiligen Effekt hat. Anstatt Dich zu einem besseren Menschen zu machen, stiftet es Dich zur Sünde an. *„Denn als wir im Fleisch waren, da wirkten in unseren Gliedern die Leidenschaften der Sünden, die durch das Gesetz sind, um dem Tod Frucht zu bringen.“* (Röm. 7, 5).

Warum ist das so? Weil das Gesetz den Punkt unserer Rebellion berührt. Es setzt Gedanken in unseren Verstand, die vorher nicht da waren. Ein Beispiel: Auf manchen Autobahnabschnitten in Australien gilt ein Tempolimit von 110 km/h. Dieses Limit löst bei einigen Autofahrern folgenden rebellischen Gedanken aus: „Ich kann 115 km/h fahren, knapp über der Geschwindigkeitsbegrenzung und damit davonkommen. Schließlich muss die Polizei eine Fehlermarge einkalkulieren."

Auf ähnliche Weise legte das Gesetz immer wieder sündige Wünsche in Paulus' Herz. *„Da nahm aber die Sünde einen Anlass durch das Gebot und bewirkte in mir jede Begierde; denn ohne das Gesetz ist die Sünde tot.“* (Röm. 7, 8). Später erklärt er, dass er genau diejenigen Dinge tun wollte, die durch das Gesetz verboten waren.

Das Gesetz war nicht nur machtlos, ihm in seinem Kampf gegen die Sünde zu helfen, es brachte ihn sogar dazu, sündigen zu wollen.

Liebe/-r Freund/-in, damit wir Heiligkeit erfahren bringt Gott uns nicht in eine tiefe, innere Verbindung mit einem äußeren Gesetz, sondern Er gibt uns einen innewohnenden Erlöser. Wir haben nicht das Gesetz, sondern das Leben; wir haben nicht die Regeln, sondern die Beziehung. Gott wirkt nicht von außen nach innen, sondern von innen nach außen.

Das ist es, was Er uns unter dem neuen Bund versprochen hat: *„Ich will ihnen meine Gesetze in den Sinn geben und sie in ihre Herzen schreiben; ...“* (Heb. 8, 10). Derjenige, der alle Gesetze Gottes vollständig erfüllt hat, lebt in uns. Wenn wir im Glauben an den Sohn Gottes wandeln, verwirklichen wir das vollkommene Leben, das uns innewohnt. *„... verwirklicht eure Rettung mit*

Furcht und Zittern; denn Gott ist es, der in euch sowohl das Wollen als auch das Vollbringen wirkt nach seinem Wohlgefallen." (Phil. 2, 12–13).[3]

---

3 „... mit Furcht und Zittern" ist ein jüdischer Ausdruck für „... in Ehrfurcht vor Gott". – Anm. d. Übers.

Mythen über die Gnade:
#2: Gnade muss ausgewogen sein

Ein weiterer verbreiteter Glaube über Gnade ist, dass sie ausgewogen sein muss. Das Argument geht so: Jede Wahrheit, die zu weit getrieben wird, wird zum Irrtum. Ein Beispiel:

- Die Lehre von der göttlichen Souveränität muss mit der Lehre von der menschlichen Verantwortung ausgeglichen werden, sonst sind wir ja vorprogrammierte Roboter.
- Die Lehre von der Prädestination Gottes muss durch den freien Willen des Menschen ausgeglichen werden, sonst enden wir im Fatalismus.

Scheinbar gegensätzliche Wahrheiten müssen ausgewogen sein, um wahr zu bleiben.

Gleichgewicht oder Vermischung?

Das mag bei anderen Lehren so sein, aber nicht, wenn es um die Gnade geht. Nach biblischer Definition kann die Gnade nicht ausgeglichen werden. *„Wenn aber aus Gnade, so ist es nicht mehr um der Werke willen; sonst ist die Gnade nicht mehr Gnade; wenn aber um der Werke willen, so ist es nicht mehr Gnade, sonst ist das Werk nicht mehr Werk."* (Röm. 11, 6). In dem Moment, in dem man der Gnade als Bundesbedingung Werke hinzufügt, hebt man die Gnade auf. Die Gnade hört auf, Gnade zu sein. Joseph Prince hat gesagt: „Was wir Gleichgewicht nennen, nennt Gott Vermischung!"

Die eigentliche Bedeutung von Gnade ist, dass sie Gottes bedingungslose, unverdiente Gunst ist. Gottes Gnade ist die Quelle unserer Errettung, von Anfang bis Ende. Alles, was Gott in unserem Leben zu tun beabsichtigt, ist wegen Jesus! Es ist alles von Ihm und nichts von uns.

Natürlich gibt es einen Platz für Werke im christlichen Leben, aber nicht in der Bedeutung als Grundlage für unsere Errettung und unseren Segen. Unsere guten Werke sind das Ergebnis von Gottes Gnade, die in uns wirkt.

Ein anderes Evangelium

Wir alle wissen, dass wir auf Christus allein vertrauen müssen, um gerettet zu werden. Aber der Irrtum der Vermischung schleicht sich bei der Frage ein, wie man gerettet bleibt. An diesem Punkt führen viele Prediger ihre Zuhörer in die Irre und verwirren sie, indem sie der Gnade Werke hinzufügen. Das reine Evangelium der Gnade wird so verdorben, dass es sich ungefähr so anhört: „Um gerettet zu werden, musst du auf Jesus vertrauen. Aber wenn du dann nicht voller Eifer für Christus und gewissenhaft in deinem Lebenswandel bist, kannst du deine Errettung verlieren."

Die Gnade rettet uns also; aber die Werke erhalten uns. Klingt das für Dich bekannt? Traurigerweise ist diese verzerrte Botschaft in vielen Gemeinden zur Norm geworden. Aber sie ist nicht neu. Die Apostel hatten in der frühen Kirche schon mit dieser Art von Vermischung zu tun.

Nachdem Paulus mehrere Gemeinden in der Region Galatien gegründet hatte, zog er weiter, um an anderen Orten zu predigen. Er ließ die Gläubigen in einem Zustand des Friedens, der Freude und der Freiheit in Christus zurück. Doch nicht lange nachdem er weitergezogen war, besuchten einige jüdische Lehrer aus Jerusalem die Gemeinde und sagten: „Es ist großartig, dass ihr jetzt Christen seid. Aber um zur Vollkommenheit zu gelangen, müsst ihr jetzt das Gesetz halten."

Es ist wichtig, dass wir die Ernsthaftigkeit dieser Art von Lehre, die dem Evangelium der Gnade völlig fremd ist, nicht unterschätzen. Das Folgende unterstreicht die Ernsthaftigkeit:

- Paulus bezeichnet diese Lehrer als „falsche Brüder" (Gal. 2, 4).
- Er bezeichnet ihre Lehre als „ein anderes Evangelium" (Gal. 1, 6).
- Und er sagt, dass jeder, einschließlich seiner selbst oder der anderen Apostel oder sogar eines Engels vom Himmel, der ein anderes Evangelium als das Evangelium der Gnade predigt, verflucht sein soll (Gal. 1, 8+9).

Es ist auch wichtig zu beachten, was er zu den Galatern sagt, die von diesen „falschen Brüdern" in die Irre geführt worden waren: *„O ihr unverständigen Galater, wer hat euch verzaubert, dass ihr der Wahrheit nicht gehorcht, euch, denen Jesus Christus als unter euch gekreuzigt vor die Augen gemalt worden ist?"* (Gal. 3, 1).

Sie waren verhext worden, in den Bann der Gesetzeslehrer gezogen. Man hatte ihnen weisgemacht, dass Christus durch Werke des Gesetzes ergänzt werden müsse. Doch Christus zu ergänzen bedeutet, Christus zu ersetzen.

Damit Gnade wirksam ist, muss sie radikal sein

Dann nennt er sie „unverständig" und stellt ihnen eine entscheidende Frage: *„Seid ihr so unverständig? Im Geist habt ihr angefangen und wollt es nun im Fleisch vollenden?"* (Gal. 3, 3).

Manch einer könnte versucht sein zu fragen, was die ganze Aufregung soll; warum war Paulus so leidenschaftlich in seiner Verteidigung des Evangeliums der Gnade? Nun, er wusste, dass eine Rückkehr zum Gesetz eine Rückkehr zum Fleisch bedeutet, was wiederum zu einem kraftlosen Christentum führen würde. Die Galater sind ein klares Beispiel dafür. Nachdem sie in den

Bann gesetzlicher Lehrer geraten waren, wurde ihre Freude und Freiheit zerstört und durch Knechtschaft und Angst ersetzt.

Das Evangelium der Gnade ist die Kraft Gottes (s. Röm. 1, 16). Wenn in Deinem Leben ein Mangel an Kraft herrscht, dann überprüfe, ob Du an eine Mischform des Evangeliums glaubst. Denke daran, dass Christus in jedem Bereich Deines Lebens, in dem Du an Deine eigene Kraft glaubst und nicht auf die Gnade Gottes vertraust, keine Auswirkung für Dich hat. Das christliche Leben durch den Glauben zu beginnen und dann zu versuchen, es durch Werke zu leben, ist vergleichbar mit der Behauptung, ein benzinbetriebenes Auto würde durch Anschieben besser funktionieren!

Mythen über die Gnade:
#3 Gnade ist nur eine Lizenz zum Sündigen

Jeder, der beim Weitergeben der Botschaft der Gnade auf Widerstand gestoßen ist, wird mit diesem Argument vertraut sein. Dies ist der häufigste Einwand gegen Gnade. Aber das ist auch nur ein weiterer Mythos.

Aus irgendeinem Grund scheinen Gnadengegner zu denken, dass Gnadenlehrer den Standard des christlichen Lebens herabsetzen wollen, sowohl für sich selbst als auch für diejenigen, denen sie dienen. Sie machen die Gnade lächerlich, indem sie sie als „billige" oder „schmalzige Gnade" bezeichnen. (Ich persönlich würde jederzeit lieber „schmalzige Gnade" als „tödliche Gesetzlichkeit" haben wollen!)

Nirgendwo in der Bibel wird Gnade auf diese Weise dargestellt. Und ich habe noch nie einen Gnadenprediger Dinge sagen hören wie: „Da wir jetzt nicht mehr unter dem Gesetz sind, sondern unter der Gnade, ist es egal, wie wir leben."

Jede/-r Prediger/-in sollte jedoch dieser Art der Lehre bezichtigt werden, auch wenn er/sie sie natürlich niemals tatsächlich lehren sollte. In seinen Kommentaren zum Römerbrief sagt Dr. Martyn Lloyd-Jones, dass ein/-e Prediger/-in, der/die noch nie beschuldigt wurde zu lehren – „Lasst uns in der Sünde bleiben, damit die Gnade reichlich vorhanden ist" –, wahrscheinlich nie das wahre Evangelium gepredigt hat. Denke daran, dass Paulus in verleumderischer Weise nachgesagt wurde, genau dies zu lehren (s. Röm. 3, 8; 6, 1–2).

Der Grund für dieses Missverständnis ist, dass die Gnade radikal ist. Sie verkündet, dass wir nichts zu unserer Errettung beitragen können. Tatsächlich ist jedes Werk, das wir Gott als Beitrag zu unserer Errettung anbieten, eine Beleidigung für Gott. Die Erlösung geschieht durch Gnade. Es ist alles von Gott. Als Jesus am Kreuz starb, bezahlte Er den Preis für unsere Erlösung vollständig. Wenn wir dem vollendeten Werk Christi etwas hinzuzufügen versuchen, impliziert das, dass Jesus ein unvollständiges Werk vollbracht hat. Was für eine ungeheuerliche Unterstellung!

Wir lehren, dass unsere Werke keinen Einfluss auf unsere Erlösung haben. Das könnte einige automatisch zu der Annahme führen, wir würden Menschen zu einem sündigen Leben ermutigen. Je mehr ein Prediger die reine Gnade hervorhebt, desto mehr kann er auf diese Weise missverstanden werden.

Natürlich sind Werke ein wichtiger Aspekt des christlichen Lebens. Aber sie tragen in keiner Weise zu unserer Errettung bei. Sie sind die Frucht der Gnade Gottes, die in uns wirkt; keine Voraussetzung für die Errettung. Diese Unterscheidung ist in Epheser 2, 8–10 sehr deutlich: *„Denn aus Gnade seid ihr errettet durch den Glauben, und das nicht aus euch – Gottes Gabe ist es; nicht aus Werken, damit niemand sich rühme. Denn wir sind seine Schöpfung, erschaffen in Christus Jesus zu guten Werken, die Gott zuvor bereitet hat, damit wir in ihnen wandeln sollen.“*

Gnade ist das Einzige, was uns aus der Sünde herausholen kann

Treibt uns diese uneingeschränkte Gnade Gottes dazu, noch mehr sündigen zu wollen? Nein, im Gegenteil! Sie hat den gegenteiligen Effekt. Liebe erzeugt Liebe. Wir lieben Ihn, weil Er uns so sehr liebt. Je mehr wir die Liebe Gottes verstehen, desto größer wird unsere Liebe zu Ihm sein. Wenn wir gerettet werden, haben wir Anteil am Wesen des Herrn. Sein Wesen in uns liebt die Sünde nicht; sie verabscheut sie.

Gottes Gnade schmilzt unsere Herzen und zieht uns weg von unserer Sünde hin zu den Zielen, für die Gott uns erlöst hat. Höre, was Paulus dazu sagt: *„Denn es ist erschienen die heilsame Gnade Gottes allen Menschen und erzieht uns, dass wir absagen dem gottlosen Wesen und den weltlichen Begierden und besonnen, gerecht und fromm in dieser Welt leben und warten auf die* selige Hoffnung und Erscheinung der Herrlichkeit des großen Gottes und unseres Heilands, Jesus Christus, der sich selbst für uns gegeben hat, damit er uns erlöste von aller Ungerechtigkeit und reinigte sich selbst ein Volk zum Eigentum, das eifrig wäre zu guten Werken." (Tit. 2, 11–14, GNB).

Entsprechend dieser Aussagen ist die Gnade weit davon entfernt, uns zur Sünde zu verleiten. Sie lehrt uns, uns von bösen Gedanken und Begierden abzuwenden und sie bringt besonnenes, rechtschaffenes und gottgefälliges Verhalten in uns hervor. Außerdem sagt Paulus, dass wir unter der Gnade eifrig in Erwartung der Wiederkunft Jesu leben und mit Leidenschaft gute Werke tun.

An anderer Stelle drückt Paulus seine Gewissheit aus, dass Christen gerade deshalb von der Versklavung durch die Sünde frei sind, weil sie nicht unter dem Gesetz, sondern unter der Gnade stehen. *„Denn die Sünde wird nicht herrschen über euch, weil ihr nicht unter dem Gesetz seid, sondern unter der Gnade."* (Röm. 6, 14).

Aus diesem Grund versucht Satan, die Gnade zu diskreditieren; weil sie die einzige Kraft ist, die uns befähigen kann, im Sieg über die Sünde zu leben. Wie wir bereits gesehen haben, wird uns das Gesetz in unserem Kampf gegen die Sünde nicht helfen. In der Tat wird es diesen Kampf nur verstärken. *„… die Kraft der Sünde aber ist das Gesetz."* (1. Kor. 15, 56).

Wenn Du also zufällig einen Christen siehst, der vorsätzlich in Sünde lebt und die Gnade als Ausrede dafür benutzt, dann hör nicht auf, an das Evangelium der Gnade zu glauben oder es zu predigen. Sag zu dieser Person: „Ich weiß nicht, aus welcher Kraft Du lebst, aber es ist nicht die Gnade Gottes. Denn wenn Du aus der Gnade lebst, wird die Sünde keine Herrschaft über Dich haben."

Gnade ist nicht billig, sie ist umsonst!

Gnade ist nicht billig; weit gefehlt. Gott hat den höchsten Preis bezahlt, damit wir mit Ihm versöhnt werden können. Gnade ist für uns kostenlos, aber für Ihn war sie sehr kostspielig.

Jemand sagte einmal zu mir: „Sie sollten kein Geld für Ihre Bücher verlangen; Sie sollten mir eines umsonst geben." Also gab ich ihm zwei meiner Bücher. (Jesus sagte, wenn dir jemand dein Hemd wegnehmen will, gib ihm auch deinen Mantel!) Als ich sie ihm überreichte, sagte ich: „Diese sind für Sie kostenlos; aber denken Sie daran, dass jemand dafür bezahlt hat. Mein Buchdrucker hat sie mir nicht umsonst gegeben." So ist es auch mit unserer Errettung. Sie ist kostenlos für uns; aber wir sollten nie vergessen, dass jemand sehr teuer dafür bezahlt hat. Das ist es, was die Gnade so wunderbar macht.[4]

---

4 Im Englischen steht hier: „This is what makes grace so amazing.", eine Anspielung auf das Lied „Amazing grace", das vielen Lesern wahrscheinlich bekannt ist. – Anm. d. Übers.

Mythen über die Gnade:
#4 Wir müssen immer noch unseren Teil dazu beitragen

Jemand sagte einmal zu mir: „Ich glaube an die Gnade, aber wir müssen trotzdem unseren Teil dazu beitragen." Ist das wahr, oder ist das ein weiterer Mythos?

Lass uns eine Stelle analysieren, in der Jesus eine ähnliche Frage gestellt wurde.

Nach der Speisung der 5000 folgten einige der Juden Jesus auf die andere Seite des Sees. Er erkannte, dass ihr Motiv nicht geistlicher Natur war, sondern dass sie nur eine weitere kostenlose Mahlzeit bekommen wollten. Er sagte ihnen, dass die von ihnen begehrte Nahrung vergänglich sei und dass sie stattdessen nach dem wahren Brot des Lebens suchen sollten, das bis ins ewige Leben reicht und das Er ihnen geben würde. Später in Seinem Dialog mit ihnen erklärte Er, dass Er das Brot ist, das vom Himmel herabgekommen ist und dass sie ewiges Leben haben werden, wenn sie von Ihm essen. Während ihres Gesprächs mit Jesus fragten sie: *„Was sollen wir tun, um die Werke Gottes zu wirken?"* (Joh. 6, 28). Mit anderen Worten: „Was ist unser Beitrag?" Das ist typischerweise das, was wir fragen würden. Wir sind grundsätzlich werksorientiert. Also wollen wir wissen, was wir tun müssen, um das zu bekommen, was Gott uns geben will.

Der Glaube ist unsere Antwort auf die Gnade

Welche Aufgabe müssen wir also erfüllen, wenn wir unter der Gnade sind? Jeder Bund verlangt vom Menschen eine Antwort. Unter dem Gesetz verlangte Gott von Israel, die Werke des Gesetzes zu tun. Dies war wahrscheinlich der Grund für die Frage der Juden an Jesus, was sie tun müssten, um die Werke Gottes zu wirken.

Die Definition von Gnade ist, dass Gott alles getan hat. Und was ist dann unsere Aufgabe unter der Gnade? Was bleibt für uns zu tun? Unsere Aufgabe ist es, zu glauben, dass Jesus alles getan hat! Das ist unser Teil.

Hören Sie auf Jesu Antwort an die Juden: *„Das ist das Werk Gottes, dass ihr an den glaubt, den er gesandt hat."* (Joh. 6, 29). So wie die Werke das Gegenstück zum Gesetz sind, so ist der Glaube das Gegenstück zur Gnade. Gnade und Glaube gehen Hand in Hand. Gott hat sie miteinander verbunden und was Er miteinander verbunden hat, soll niemand trennen.

„Denn aus Gnade seid ihr errettet durch den Glauben ..." (Eph. 2, 8). Wir wurden errettet aus Gnade (Gottes Teil) durch den Glauben (unsere Antwort, die uns zu Teilhabern an dem macht, was Gott getan hat).

Und wir setzen das christliche Leben auf dieselbe Weise fort, wie wir es begonnen haben. *„Wie ihr nun Christus Jesus, den Herrn, angenommen habt, so wandelt auch in ihm."* (Kol. 2, 6). Wir haben Ihn durch den Glauben empfangen, und wir setzen den ganzen christlichen Lebensweg durch den Glauben fort. Der Gerechte wird aus Glauben leben (s. Röm. 1, 17).

Wir brauchen Gnade von Stunde zu Stunde, von Tag zu Tag. Seine Gnade wird immer ausreichend sein. Und Paulus sagte: *„... durch den wir im Glauben auch Zugang erlangt haben zu der Gnade, in der wir stehen ..."* (Röm. 5, 2 – Hervorhebung durch den Autor).

So hat Paulus gelebt. Er sagte: *„Ich bin mit Christus gekreuzigt; und nun lebe ich, aber nicht mehr ich (selbst), sondern Christus lebt in mir. Was ich aber jetzt im Fleisch lebe, das lebe ich im Glauben an den Sohn Gottes, der mich geliebt und sich selbst für mich hingegeben hat."* (Gal. 2, 20 – Hervorhebung durch den Autor).

Zusammenfassend kann man unter dem Neuen Bund also sagen, dass der Auftrag Jesu darin bestand, alles für unsere Errettung Notwendige zu tun. Er hat Seinen Teil erfüllt. Unsere Aufgabe besteht darin, zu glauben, dass Er alles getan hat! Glaubst Du das?

Mythen über die Gnade:
#5 Für Segen muss man einen Preis zahlen

„Die Sache mit der Gnade ist schon okay, aber wenn du willst, dass Gott deinen Dienst segnet, musst du einen Preis dafür bezahlen!" Hast Du so etwas schon einmal gehört? Nun, lass Dich nicht davon beeindrucken. Dies ist ein weiterer Mythos.

Es gibt heute in Australien Hunderte von Männern und Frauen, die früher einmal Pastoren waren, aber jetzt nicht mehr im Dienst sind. In der Tat sind viele von ihnen nicht einmal in einer Gemeinde. Einige sind sogar zornig und verbittert gegenüber Gott.

Der Grund dafür ist, dass sie diese Lüge geglaubt haben. Sie haben einen hohen Preis bezahlt. Einige haben ihre Gesundheit, ihre Kinder und ihre Ehen verloren. Sie dachten, dass dies der Preis sei, den sie für einen fruchtbaren Dienst zahlen müssten. Aber Gott hat Seinen Teil der „Abmachung" nicht eingehalten. Sie bekamen keinen gesegneten Dienst für den Preis, den sie bezahlt haben. Und jetzt wollen sie nichts mehr mit dem Dienst, der Gemeinde und in manchen Fällen sogar mit Gott zu tun haben.

Aber Gott macht keine Deals. Er hat nie von uns verlangt, eine wie auch immer geartete Zahlung im Austausch für einen gesegneten Dienst zu erbringen. Der Neue Bund lehrt, dass Jesus den Gliedern Seines Leibes Gaben verlieh, als Er von den Toten auferstand. Er erwartet von uns lediglich, dass wir diese Gaben treu einsetzen und das Ergebnis unseres Dienstes Ihm überlassen.

Er wird Sein Leben und Seinen Segen durch all diejenigen ausgießen, die sich Ihm zur Verfügung stellen. Wir sollen uns nicht selbst bis zum „Burnout" verausgaben oder unsere Familien auf dem Altar opfern, um fruchtbar zu sein. Wir brauchen nur in Christus zu bleiben. Er ist für die Ergebnisse verantwortlich, nicht wir. Er ist der Weinstock; wir sind die Reben. Wir bringen keine Frucht hervor; Er tut es. Wir *tragen* nur die Frucht.

„Gnadenmenschen" sind lästig!

Religiöse Menschen können einfach nicht mit „Gnadenmenschen" umgehen. Sie bemühen sich, sie mit ihren selbstgerechten Werken und den endlosen Opfern, die sie für Gott bringen, zu beeindrucken. Und dann sagt der unter Gnade stehende Mensch: „Ich habe all das umsonst bekommen, wofür du zu bezahlen versuchst!"

Jemand sagte einmal zu mir: „Wenn du nur den Sabbat halten würdest! Gott hat einen besonderen Segen für dich, wenn du den Sabbat hältst."

Ich fragte: „Was ist das für ein Segen? Die Bibel sagt, dass ich bereits mit jeder geistlichen Segnung in Christus Jesus in den himmlischen Regionen gesegnet bin (s. Eph. 1, 3). Und Petrus sagt, dass Seine göttliche Kraft mir bereits alles gegeben hat, was ich zum Leben und zur Gottseligkeit brauche (s. 2. Petr. 1, 3). Welchen zusätzlichen Segen brauche ich also noch, wenn ich schon alles habe? Christus ist mein Sabbat. Ich ruhe in Seinem vollendeten Werk und bin vollständig in Ihm!"

Außerdem hören wir häufig, dass wir durch mehr Gebet eine Erweckung sehen werden. Wenn Gott Erweckung als Antwort auf aufoferndes Gebet schicken würde, hätten wir sie schon längst gehabt. Unzählige Christen haben ihr Leben damit verbracht, „den Preis" für Erweckung zu zahlen, haben aber nie eine Erweckung gesehen.

Was ist Erweckung? Wörtlich bedeutet es, zum Leben oder zum Bewusstsein zurückzubringen. Das braucht jemand, der tot ist, denke ich.

Außerdem verstehen viele, die dieses Wort benutzen, unter Erweckung eine Art Besuch von Gott. Wenn ich Dich besuche, dann komme ich für eine Weile. Ich bleibe vielleicht für ein paar Stunden, esse sogar eine Mahlzeit mit Dir, aber dann werde ich wieder gehen. Ich habe Dich nur besucht. Ein Besuch ist ein vorübergehender Aufenthalt.

Bevor Jesus zum Himmel aufstieg, versprach er, den Heiligen Geist zu senden. Und Er sagte: „Er wird für immer bei euch bleiben!" Wir sind mit dem Heiligen Geist versiegelt worden bis zu dem Tag, an dem Jesus wiederkommt, um uns zu Sich zu holen. Er wird uns niemals verlassen. Er ist nicht gekommen, um uns zu besuchen; Er kam, um zu bleiben! Und Er ist gekommen, um uns das Leben zu geben. Wer den Sohn hat, hat das Leben (s. 1. Joh. 5,12)!

Der Preis ist bezahlt

Liebe/-r Freund/-in, viele werden versuchen, Dich zu einem Tauschhandel mit Gott zu bewegen. „Wenn du dies tust, wird Gott jenes tun." Wenn Du auf diese Art Aufforderungen eingehst, fällst Du aus der Gnade (s. Gal. 5, 4) und wirst große Enttäuschungen erleben. Versuche nicht, Dir besondere Segnungen und Gunst zu verdienen, indem Du Zahlungen leistest oder Gott Opfer bringst. Denke daran, dass für alles bereits bezahlt ist, was Gott in Deinem Leben tun möchte. Jesus hat eine Zahlung geleistet, einmal für alle Zeit. Seine Zahlung ermöglicht Dir alles Gute, das Gott Dir geben und in Deinem Leben tun möchte. *„Er, der sogar seinen eigenen Sohn nicht verschont hat, sondern ihn für uns alle dahingegeben hat, wie sollte er uns mit ihm nicht auch alles schenken?"* (Röm. 8, 32 – Hervorhebung durch den Autor).

Höre auf die Worte Jesu: *„Trachtet vielmehr zuerst nach dem Reich Gottes und nach seiner Gerechtigkeit, so wird euch dies alles hinzugefügt werden!"* (Mt. 6, 33). Du bist gerecht in Christus, unglaublich geliebt und begünstigt von Ihm. Und weil Du gerecht bist, ist Dir jeder andere Segen hinzugefügt worden. Genieße das!

Mythen über die Gnade:
#6 Gnade demotiviert Menschen

„Wenn Jesus alles getan hat, warum sollten wir dann noch etwas tun? Wenn alles aus Gnade geschieht, dann gibt es für mich keine Notwendigkeit zu dienen, zu geben, zu beten, ein gottgefälliges Leben zu führen usw. Gnade bietet keinen Anreiz für das christliche Leben. Sie demotiviert uns." Es mag so aussehen, dass Gnade genau das hervorbringt. Aber stimmt das? Oder ist das nur ein weiterer Mythos?

Wenn ich auf diesen Einwand treffe, frage ich immer: „Welcher Apostel hatte die größte Offenbarung und das größte Verständnis von Gnade?" Die Antwort ist natürlich Paulus. Meine nächste Frage lautet: „Welcher Apostel arbeitete härter als die anderen, gründete mehr Gemeinden und schrieb mehr Briefe?" Die Antwort ist wieder Paulus. Er sagte: *„Aber durch Gottes Gnade bin ich, was ich bin; und seine Gnade, die er an mir erwiesen hat, ist nicht vergeblich gewesen, sondern ich habe mehr gearbeitet als sie alle; jedoch nicht ich, sondern die Gnade Gottes, die mit mir ist."* (1. Kor. 15, 10, MNG).

Die Gnade Gottes hat Paulus gewiss nicht dazu gebracht, untätig zu sein. Sie hob ihn auf eine Ebene des Dienstes, zu der er durch seine eigenen menschlichen Fähigkeiten nie hätte hinaufsteigen können.

Was ist unser Motiv?

Ich weiß von einer Gemeinde, in der die Spenden bei ungefähr 12.000 Dollar pro Woche lagen. Der Pastor hatte dann eine Offenbarung der Gnade Gottes. Er gelobte, dass er von diesem Moment an nichts anderes als Gnade predigen würde. Aber die

Opfergaben gingen bald auf nur noch 7000 Dollar pro Woche zurück. Traurigerweise kam der Pastor zu dem Schluss, dass Gnade die Menschen demotiviert. Er machte eine Kehrtwende und hörte auf, Gnade zu predigen.

Die Wahrheit ist jedoch nicht, dass Gnade die Motivation aus dem christlichen Leben nimmt; vielmehr entfernt sie den falschen Anreiz und ersetzt ihn durch das einzig annehmbare Motiv, etwas für den Herrn zu tun, nämlich die Liebe.

Wir lieben Ihn, weil Er uns zuerst geliebt hat! Alles, was wir für Gott tun, das nicht auf unserer Liebe zu Ihm als Antwort auf Seine Liebe zu uns beruht, ist Holz, Heu und Stroh; es wird am letzten Tag verbrannt werden (s. 1. Kor. 3, 12–13). Als Paulus das Problem der Gesetzlichkeit in den Gemeinden in Galatien ansprach, sagte er: „... *denn in Christus Jesus gilt weder Beschneidung noch unbeschnitten sein etwas, sondern der Glaube, der durch die Liebe wirksam ist.*" (Gal. 5, 6).

Kürzlich schickte mir ein Freund eine E-Mail, in der er mich nach dem Umgang mit dem Zehnten fragte. Er hatte schon eine Weile mit seinen Finanzen zu kämpfen und hatte angefangen, den Zehnten zu geben, und bemerkte eine Verbesserung seiner finanziellen Situation. Dann stieß er auf meine Lehre, dass der Zehnte meiner Auffassung nach nicht zum Neuen Bund gehört. Er bat mich daraufhin um Hilfe, die Verwirrung über das ganze Thema des Gebens zu klären.

Ein Buchautor namens Luke schrieb über diesen Teil seiner Lebensreise Folgendes: „Ein Jahr später, als ich eine Predigt über den Zehnten hörte, wurde ich wieder zum Geben aufgefordert. Wir waren seit einem Jahrzehnt nicht mehr wirklich in einer Gemeinde gewesen und da wir immer pleite waren, hatten wir weder den Zehnten gegeben noch viel gespendet. Jetzt fühlte ich mich veranlasst, etwas für den Dienst meines alten Pastors zu spenden. Er leitete eine Gemeinde in Australien, reiste aber regelmäßig nach Sambia und hatte dort eine Gemeinde, ein Waisenhaus und eine Bibelschule gegründet. Die Botschaft der Gnade verbreitete sich schnell in den Gemeinden dieses Landes, das in ziemlich gesetzlichen Vorstellungen gefangen war. Das war aufregend. Allerdings nagte die Lehre, die ich 15 Jahre zuvor erhalten hatte, immer noch an meinem Gewissen: „Der Zehnte gehört zum Alten Bund. Wenn man das Gesetz befolgen will, muss man das ganze Gesetz befolgen und im Grunde genommen stellt man sich damit selbst unter einen Fluch."

Das Seltsame war, dass sich meine Finanzen fast sofort verbesserten. Obwohl wir nicht mehr Geld verdienten, zahlten wir unsere Schulden ab und es schien am Ende des Monats zum ersten Mal seit langer Zeit etwas übrig zu bleiben. Und was nun? Ich schrieb eine E-Mail an meinen Pastor in Australien. Er war der Einzige, dem ich hinsichtlich des Wortes Gottes und vor allem in Bezug auf Geld vertraute."[5]

Meine Antwort an Luke

Hier ist meine Antwort an Luke:

„Hallo Luke. Schön, von Dir zu hören, und danke für Deine Frage. Ich persönlich glaube, dass es eine Menge Verwirrung über den Zehnten gibt, weil zu diesem Thema viele widersprüchliche Lehren existieren. Ich habe Dir ein Exemplar meines Buches **New Covenant, New Glory** (Neuer Bund, neue Herrlichkeit) beigefügt (Ich weiß nicht, ob Du es schon hast). Kapitel 11 befasst sich mit dem Zehnten. Dem kannst Du entnehmen, dass ich der festen Überzeugung bin, dass der Zehnte eine Praktik des Alten Bundes ist. Der Neue Bund spricht viel über das Geben; und wir tun unter der Gnade immer mehr, als wir unter dem Gesetz jemals tun könnten. Aber es gibt einen Unterschied.

---

5 Entnommen aus „Kris geht es gut, aber wie geht es mir?" aus „Two-Way-Stories from the Middle-East", Holland und Australien von Luke Zimmermann, ©Surprising Writing, www.surprisingwriting.weebly.com

In meinen Definitionen von Gesetzlichkeit und Gnade habe ich Folgendes gesagt:

- Gesetzlichkeit ist der Glaube, dass meine Werke die Grundlage für Gottes Annahme und Seinen Segen sind. In diesem Fall ist der Fokus immer auf mich selbst gerichtet.
- Gnade ist der Glaube, dass das Werk Jesu die Grundlage für Gottes Annahme und Segen ist, d. h., dass ich aufgrund Seines Werkes immer würdig für jeden Segen und vollständige Annahme bin.

Wenn ich also glaube, dass ich geben muss, um von Gott zu empfangen, dann bewege ich mich im Bereich der Gesetzlichkeit. Tatsächlich ist für alles, was Gott in meinem Leben tun und mir geben möchte, bereits bezahlt worden. *„Er, der sogar seinen eigenen Sohn nicht verschont hat, sondern ihn für uns alle dahingegeben hat, wie sollte er uns mit ihm nicht auch <u>alles schenken</u>?"* (Röm. 8, 32 – Hervorhebung durch den Autor).

Das wirft nun die Frage auf: „Warum sollte ich dann etwas geben?" Ah, hier kommen wir zu den Motiven. Wenn ich nur gebe, um zu empfangen, dann ist mein Geben eigennützig. Gott möchte, dass ich aus Liebe gebe, d. h., weil ich es möchte. Und diese Art des Gebens spiegelt die Reife derer wider, die unter dem Neuen Bund Söhne sind; nicht die Unreife eines knechtischen Geistes, wie unter dem Alten Bund. Tatsache ist, dass ich geben WILL, weil Gott in meinem Herzen am Werk ist und ich liebe, was der Vater tut, und ich genieße das Privileg, mit Ihm in Seinem Dienst auf Erden verbunden zu sein."

Gnade legt das Herz frei

Liebe/-r Freund/-in, das Einzige, was Gott jemals von uns gewollt hat, ist eine Beziehung, die auf Liebe basiert. Dinge für Gott zu tun, um Ihn dazu zu bringen, Dinge für uns zu tun, ist berechnendes Christsein. Deshalb ist unter der Gnade bereits alles bezahlt. Nun stellt sich die Frage: „Was willst Du für Gott tun?" Was ist wirklich in Deinem Herzen? Wirst Du weiterhin dienen, beten, geben, Zeugnis geben usw.? Oder hast Du diese Dinge nur getan, weil Du dachtest, dass Du im Gegenzug Segnungen von Gott erhalten würdest?

Wenn unser Geben eine Antwort auf die Liebe Gottes ist, wird es von Seiner Gnade angetrieben. Beherzigen wir die Aufforderung des Judas, uns in der Liebe Gottes zu bewahren (Jud. 21).

TAG 16

Denke organisch, nicht organisatorisch

Letztes Jahr habe ich auf einer Pastorenkonferenz gesprochen und mein Thema war „Denke organisch, nicht organisatorisch". Die Gemeinde ist ein lebendiger Organismus. Sie wurde nicht durch die Planung und Strategie von Menschen ins Leben gerufen.

Sie wächst auch nicht durch fleischlichen Ehrgeiz oder programmgesteuerte Aktivitäten. Jesus sagte: *„Mit dem Reich Gottes ist es so, wie wenn ein Mensch Samen aufs Land wirft und schläft und aufsteht, Nacht und Tag; und der Same geht auf und wächst – er weiß nicht wie."* (Mk. 4, 26–27 LUT – Hervorhebung durch den Autor).

Während Gott uns gebraucht, um die Saat des Wortes zu säen und zu gießen, ist Er es doch, der das Wachstum gibt. Nur Gott kann geistliches Leben vermitteln. Jesus sagte, der Wind weht, wo er will. Wir hören sein Rauschen, wir wissen, aus welcher Richtung er weht, aber wir können nicht bestimmen, wann und wie er wehen wird. So ist es mit denen, die wiedergeboren sind. Es ist das Werk des Geistes.

Und geistliches Wachstum ist nicht etwas, das hergestellt oder manipuliert werden kann. Menschen wachsen nicht, weil wir es ihnen sagen oder weil wir sie in einen Zustand der Ekstase pushen. Sie wachsen, weil sie Leben haben. Es gibt nichts Natürlicheres als Wachstum. Wachstum ist nur eine Erweiterung des Lebens, das wir bereits besitzen.

Genau wie Pflanzen wachsen auch Menschen, wenn sie in die richtige Umgebung gestellt werden. Petrus sagt, dass wir wachsen sollen *„in der Gnade und Erkenntnis unseres Herrn und Retters Jesus Christus!"* (2. Petr. 3, 18). Ein Christ kann jahrelang in seinem Wachstum gehemmt sein. Aber bringe ihn in eine Gnadenumgebung, in der Jesus ständig durch das Wort offenbart wird, und dann beobachte, wie er wächst! Wir können leicht vergessen, dass die Gemeinde ein lebendiger Organismus ist und wenn wir das tun, neigen wir dazu, organisatorisch zu handeln. Wir denken, wir müssen Dinge tun, um die Gemeinde zum Wachsen zu bringen. Wenn das geschieht, wird auf subtile Weise aus dem lebendigen Organismus eine institutionelle Organisation.

Ein lebendiger Organismus oder eine institutionelle Organisation?

Was ist der Unterschied zwischen der Kirche als Organismus und der Kirche als Organisation? Hier sind einige Unterscheidungen:

1. Als Organisation ist die Kirche eine Institution, die von einem ernannten Vorstand geleitet wird. Als Organismus ist die Kirche der Leib Christi, der von Jesus als dem lebendigen Haupt geleitet wird.
2. Als Organisation bestimmt das System die Art und Weise, wie wir zu wirken haben. Als Organismus bestimmen unsere geistlichen Gaben die Art und Weise, wie wir wirken.
3. In der Kirche als Organisation kann das Wachstum in Form steigender Mitgliederzahlen und der Erweiterung von Gebäuden gemessen werden. In der Gemeinde als Organismus wird das Wachstum anhand der Annäherung an das Bild Christi gemessen.
4. Die Kraft der Kirche als Organisation liegt in den Regeln des Systems. Die Kraft der Kirche als Organismus kommt aus dem Wirken des Geistes.
5. In einer Organisation kontrolliert die Leitung die Menschen. In einem Organismus befähigt die Leitung die Menschen.
6. Die Kirche als Organisation fördert Co-Abhängigkeit. Die Kirche als Organismus fördert Christus-Abhängigkeit.
7. Die Kirche als Organisation betont das Ereignis. Je größer, desto besser. Die Kirche als Organismus betont den Weg.

8. In der Kirche als Organisation ist der Leiter der gesalbte Superstar. In der Kirche als Organismus gibt es keine Superstars; jeder ist zum Dienst berufen.
9. Für den Aufbau der Kirche als Organisation sind die Menschen verantwortlich. Christus baut die Kirche als einen Organismus auf.
10. In der Kirche als Organisation wird der Erfolg an den Ergebnissen gemessen. In der Kirche als Organismus wird der Erfolg am Gehorsam gegenüber Christus gemessen.

Christentum ohne Christus

Ich behaupte sicher nicht, dass jede Ortsgemeinde wie das Organisationsmodell ist oder dass Deine Gemeinde so ist; aber ich bin sicher, dass es das ist, was Jesus bei der selbstgerechten Gemeinde in Laodizea angetroffen hat. Er sagte zu ihnen: *„Denn du sprichst: Ich bin reich und habe Überfluss, und mir mangelt es an nichts! – und du erkennst nicht, dass du elend und erbärmlich bist, arm, blind und entblößt."* (Offb. 3, 17). Diese Gemeinde hatte alles – außer Jesus. Er war draußen und klopfte an die Tür! Das Haupt war vom Leib abgetrennt! Jemand sagte einmal, wenn der Heilige Geist aus der Gemeinde genommen werden würde, würden 80 % davon wie gewohnt weiterlaufen.

Als wir errettet wurden, ging es nur um Jesus. Wenn sich bei Dir alles um die Organisation dreht und Du der leeren, hohlen Aktivitäten überdrüssig bist, dann steht Er heute an der Tür Deines Herzens. Er möchte hereinkommen und alles auf eine Beziehung mit Ihm ausrichten. Die Türklinke ist auf unserer Seite. Es ist Deine Entscheidung ...

Ein Gnadenumfeld ist ein sicheres Umfeld

Einmal vereinbarte ein Mann mit mir einen Termin für eine Beratung. Als er mein Büro betrat, sah er nervös aus und sagte, er wisse nicht, wo oder wie er anfangen solle. Er sagte mir, dass er mir etwas beichten wolle, wofür er sich sehr schäme.

Ich versuchte, ihn zu beruhigen, indem ich sagte, dass ich seit vielen Jahren in der Seelsorge tätig bin und schon so ziemlich alles gehört habe. Ich würde wahrscheinlich nicht schockiert sein über seine Offenbarung. Dann begann er, mir von einem persönlichen Versagen in seinem Leben zu erzählen, von dem nur er und seine Frau wussten. Als er fortfuhr, seine Last der Schuld abzuladen, war seine Erleichterung fast greifbar. Dann sagte er: „Ich trage das schon seit Jahren mit mir herum. Du bist der erste Mensch, dem ich mich sicher anvertrauen kann."

Satans Macht wird durch Licht gebrochen

Ich teilte ihm dann ein sehr wichtiges geistliches Prinzip mit. Satans Macht liegt in der Dunkelheit. Solange wir uns verstecken und zudecken, hat er die Macht, uns zu kontrollieren. Aber in dem Moment, in dem eine Sünde oder ein Versagen ins Licht gebracht wird, ist diese Macht gebrochen. Die Wahrheit macht uns frei.

Ich sagte ihm, dass sein Mut, zu kommen und sein Versagen zu bekennen, zweifelsohne der wichtigste Schritt in Richtung Freiheit und Sieg ist.

Was mich jedoch überraschte, war seine Aussage, dass ich der einzige Mensch sei, bei dem er sich sicher genug fühle, seinen Kampf mitzuteilen. Bis zu diesem Moment hatte er in seinem kirchlichen Umfeld die Botschaft erhalten, dass Versagen inakzeptabel sei.

Ist das eine allgemeine, unausgesprochene Botschaft, die wir in christlichen Kreisen vermitteln? Wenn das so ist, dann tragen wir tatsächlich zur Knechtschaft bei, nicht zur Freiheit. Solange Menschen sich unsicher fühlen, ihre geheimen Misserfolge mitzuteilen, werden sie sich gezwungenermaßen verstellen und darin gefangen sein.

Ein Umfeld der Gnade schaffen

Gemeinden sollten bewusst einen Raum der Gnade herstellen, d. h. eine sichere Zone, in der Menschen sich öffnen und sich gleichzeitig geschützt fühlen können, wenn sie über ihre Kämpfe und ihr Versagen sprechen.

Ich persönlich bin kein großer Fan von „Zwölf-Schritte-Programmen", weil für die Teilnehmer die Gefahr besteht, am Ende ihr Vertrauen in das Programm, statt in Christus zu setzen. Jedoch bewundere ich an solchen Programmen, dass sie auf vollständiger und totaler Transparenz beruhen. „Mein Name ist John und ich bin Alkoholiker ..." Traurigerweise ist diese Art der Selbstentblößung in vielen Gemeinden selten. Und warum? Weil es einfach nicht sicher ist, zu „beichten".

Ein positives Merkmal von Gnadenmenschen, Gnadengruppen und Gnadengemeinden ist, dass in Sünde gefangene Menschen ohne Angst vor Beschämung oder Verurteilung ihren Weggefährten mitteilen können, was in ihrem Leben vor sich geht. Als Jesus auf der Erde war, hat er doch genau das angeboten, nicht wahr? Zum ersten Mal in ihrem Leben fühlten sich Prostituierte, korrupte Zöllner und andere Sünder sicher in der Gegenwart von jemandem, der behauptete, Gott zu vertreten.

Wenn wir fallen, haben wir die Neigung, vor Gott wegzulaufen, anstatt zu Ihm zu gehen, wie die Bibel es uns lehrt. Hast Du Dich jemals gefragt, warum das so ist? Irgendwie haben wir

Christen die Botschaft bekommen, dass Sünde und Versagen einfach nicht akzeptabel sind. Dies treibt uns jedoch nur in die Verleugnung und heuchlerische Verstellung; es treibt uns von Gott weg, anstatt uns zu Ihm zu ziehen.

Es ist klar, dass große Teile der christlichen Welt einen Paradigmenwechsel brauchen. Scheinbar müssen einige Gemeinden umlernen und verstehen, dass wir zwar keine Sünde gutheißen, aber dass Heiligung ein Prozess ist. Veränderung ist allmählich. Wir können uns gegenseitig liebevoll auf dem Weg der Heiligung herausfordern, aber gleichzeitig müssen wir geduldig miteinander sein, während wir gemeinsam unterwegs sind.

Liebe/-r Freund/-in, ein stolpernder Mitchrist hat nicht viele Menschen, an die er sich wenden kann. Wirst Du einer dieser Menschen sein? Hilf mit, ein Umfeld der Gnade zu schaffen, in dem strauchelnde Menschen aus ihrer Dunkelheit heraus an einen Ort kommen können, an dem Gottes Licht sie erreichen und reinigen und Seine Liebe sie heilen und ganz machen kann!

Überwindung der Sünde durch Gnade

Kein Christ ist immun gegen Sünde, während er auf der Erde lebt. Aber es ist tröstlich zu wissen, dass die Gnade Gottes größer ist als die Sünde, so mächtig die Sünde auch ist. Wo die Sünde zugenommen hat, ist Seine Gnade überreich geworden (Röm. 5, 20)!

Wenn wir als Christen unter der Gnade leben, wie sollen wir dann mit der Sünde umgehen?

1) Wenn Du in Sünde fällst, falle vorwärts

Jeder Christ wird in Sünde fallen. Keiner ist perfekt. In Sprüche 24, 16 steht: *„Denn der Gerechte fällt siebenmal und steht wieder auf, aber die Gottlosen stürzen nieder im Unglück."*

Die Frage ist nicht: „Wirst du fallen?", sondern: „In welche Richtung wirst du fallen – rückwärts oder vorwärts?"

Eine rückwärts fallende Person glaubt, dass wir beim Fall in die Sünde nur das Gericht eines zornigen Gottes erwarten können. Deshalb zieht sich diese Person von Ihm zurück.

Eine vorwärts fallende Person weiß, dass ihr bereits vergeben ist. Diese Person ist zuversichtlich, dass sie trotz ihres Versagens Gottes Barmherzigkeit und Gnade erfahren wird.

Gott wird oft falsch eingeschätzt, was Seine Antwort auf unsere Sünde angeht. Das größte Bedürfnis eines in Sünde gefallenen Menschen ist nicht, von Gottes Zorn geängstigt zu werden, sondern durch eine tiefe Gewissheit Seiner bedingungslosen Liebe zu Ihm gezogen zu werden. In der Tat ist es die Güte Gottes, die uns zur Umkehr führt (Röm. 2, 4).

Wenn ein Christ sündigt, braucht er Christus, wie ein kranker Mensch einen Arzt braucht. Wenn ein Kranker zum Arzt geht, wird der Arzt nicht wütend auf den Patienten und schreit ihn an. Er greift nicht den Patienten an; er greift die Krankheit an.

Im Allgemeinen hat die Kirche kein Umfeld geschaffen, in dem sich Menschen sicher fühlen können, wenn sie ihr Versagen bekennen. Wenn Menschen sich nicht sicher genug fühlen, ihre Schwächen und Versäumnisse zuzugeben, werden sie einen Lebensstil der Scheinheiligkeit praktizieren. Menschen, die sich verstellen, entwickeln Schutzmechanismen. Als Christ hat man aber nur einen wahren Schutz, nämlich Jesus, das Lamm Gottes.

An der Fallrichtung kannst Du erkennen, ob Du mit Deiner Sünde in Gnade umgehst oder nicht. Fällst Du rückwärts oder vorwärts? Wenn Du in Sünde fällst, achte darauf, dass Du vorwärtsfällst. Sei demütig angesichts Deiner Sünde, aber verzweifle nie an ihr.

2) Frage Dich selbst: „Warum habe ich das getan?"

Sünde ist für Christen immer eine Wahl. Durch die Gnade sind wir von der Versklavung durch die Sünde befreit worden (Röm. 6, 14). Wir müssen uns also fragen, warum wir uns entschieden haben, ihr nachzugeben.

Wir alle haben legitime Bedürfnisse; und Versuchung ist die Verlockung, diese Bedürfnisse auf illegitime Weise zu befriedigen, statt durch Christus. Normalerweise ist unsere Sünde das, wohin wir in schwierigen Zeiten rennen, um Trost und Erleichterung zu finden. Jede Versuchung ist eine Aufforderung, Zuflucht in etwas anderem als Gott zu suchen, d. h. in einer erschaffenen Sache anstelle des Schöpfers.

Als Jakob und seine Familie die väterliche Sippe Rahels verließen, nahm Rahel heimlich die Hausgötzen mit. Warum hat sie das getan? Sie tat es nur für den Fall, dass Jakobs Gott nicht ausreichend für ihre Bedürfnisse sorgen würde. Genauso nahmen die Israeliten beim Auszug aus Ägypten ihre Götzen mit, nur für den Fall, dass Gott sie im Stich lassen würde.

Auch Christen bringen ihre Götzen mit in das neue Leben, nur für den Fall, dass Gott ihnen nicht genügt. Ein Götze ist alles, zu dem wir hinrennen, wenn wir unter Druck stehen, statt uns an Christus zu wenden. Es ist eine Art Bewältigungsstrategie. Israel musste seine Götzen zertreten und sein Vertrauen auf Gott übertragen. Und das müssen wir auch. Wir werden uns nur dann von der Sünde abwenden, wenn wir glauben, dass Christus allein unsere Bedürfnisse stillen kann.

3) Verschaffe Dir eine klare biblische Perspektive auf die Lehre von der Sünde

Als der Engel Josef die Geburt Jesu ankündigte, sagte er: *„… und du sollst ihm den Namen Jesus geben, denn er wird sein Volk erretten von ihren Sünden."* (Mt. 1, 21).[6] Gottes Gesamtlösung für unser Sündenproblem ist Jesus.

Gottes Plan, uns von unserer Sünde zu erlösen, beinhaltet drei Zeitformen: Vergangenheit, Gegenwart und Zukunft.

- <u>Vergangenheit:</u> Er hat uns vor der Bestrafung der Sünde gerettet. Die Bibel nennt das „Rechtfertigung".
- <u>Gegenwart:</u> Wir sind von der Macht der Sünde befreit worden, um den Sieg über ihre Vorherrschaft zu erleben. Die Bibel nennt das „Heiligung".
- <u>Zukunft:</u> Er wird uns endgültig von der Anwesenheit der Sünde befreien. Die Bibel nennt das „Verherrlichung".

Verschaffe Dir ein klares Verständnis von Gottes vollständigem Heilsplan für Dich. So wie Du Ihm vertraut hast, dass Er Dich von der Strafe der Sünde befreit hat, vertraue Ihm auch, dass Er Dir jeden Tag den Sieg über die Macht der Sünde schenkt. Sei

---

6 Der Name Jesus bedeutet: „Der Herr ist Retter" – Anm. d. Übers.

auch zuversichtlich, dass Er Dich eines Tages, wenn Deine Zeit auf der Erde zu Ende ist, für immer von der Gegenwart der Sünde befreien wird. Er, der ein gutes Werk in Dir begonnen hat, wird es auch zu Ende führen (s. Phil. 1, 6). Er ist der Urheber und der Vollender Deines Glaubens (s. Heb. 12, 2).

Die Sünde mag mächtig sein; aber unser Retter ist allmächtig!

Kämpferische Gnade

Ein häufiges Missverständnis über Gnade ist, dass sie schwach, passiv und rückgratlos sei. Das ist nicht wahr. Denke daran, dass Gottes Thron ein Thron der Gnade ist (s. Hebr. 4, 16). Er herrscht und regiert durch Gnade.

Und das gilt auch für uns. *„Denn wenn infolge der Übertretung des einen der Tod zur Herrschaft kam durch den einen, wie viel mehr werden die, welche den Überfluss der Gnade und das Geschenk der Gerechtigkeit empfangen, im Leben herrschen durch den Einen, Jesus Christus!"* (Röm. 5, 17). Diejenigen, die aus Gottes Gnade leben, werden kraftvoll sein und als Könige in diesem Leben herrschen.

Gnade ist nicht harsch, konfrontativ, kontrollierend oder aufdringlich. Das sind Eigenschaften, die man eher mit Gesetzlichkeit in Verbindung bringt. Im Gegensatz dazu überwindet die Gnade oft durch Hingabe. Aber das kann den Eindruck erwecken, dass es in der Gnade keinen „Kampf" gibt. Im Gegenteil, die Gnade *sucht* sich ihre Kämpfe *aus.*

Ein Kampf, vor dem die Gnade niemals zurückschrecken wird, ist der Kampf des Glaubens, d. h., wenn die wahre Bedeutung des Evangeliums auf dem Spiel steht. Paulus forderte Timotheus auf: *„Kämpfe den guten Kampf des Glaubens ..."* (1. Tim. 6, 12).

Einige der stärksten kämpferischen Ausdrücke und schärfsten Warnungen im Neuen Testament wurden verwendet, als das Evangelium der Gnade unter Beschuss war.

Beispiele für „kämpferische" Gnade

Hier sind einige Beispiele dafür, dass die Gnade mit voller Wut in die Schlacht zog:

1. Als Judaisten die Gemeinden in Galatien bedrängten und versuchten, die Gläubigen dort unter die Knechtschaft des Gesetzes zu bringen, kam Paulus richtig in Schwung. Er sagte: *„Aber selbst wenn wir oder ein Engel vom Himmel euch etwas anderes als Evangelium verkündigen würden als das, was wir euch verkündigt haben, der sei verflucht! Wie wir es zuvor gesagt haben, so sage ich auch jetzt wiederum: Wenn jemand euch etwas anderes als Evangelium verkündigt als das, welches ihr empfangen habt, der sei verflucht!"* (Gal. 1, 8–9).

   Der Ausdruck „verflucht" wird aus dem griechischen Wort „anathema" übersetzt, was bedeutet: „Abgeschnitten sein; exkommuniziert sein; von Gott getrennt sein, ohne Hoffnung auf Erlösung; zur Vernichtung und Verdammnis verurteilt sein". Paulus sagte im Grunde über jeden, der ein falsches Evangelium predigt: „Sie sollen zur Hölle fahren!" Daran ist nichts Schwächliches!

2. Einige der Hebräer, die durch den Geist hinsichtlich des Evangeliums erleuchtet worden waren, überlegten, sich davon abzuwenden und zu den Schattenbildern und Formen des alten Bundes zurückzukehren. Sie waren einigen der strengsten Warnungen unterworfen, die im Neuen Testament zu finden sind.

   Zum Beispiel sagt der Schreiber dieses Briefes: *„Denn wenn wir mutwillig sündigen, nachdem wir die Erkenntnis der Wahrheit empfangen haben, so bleibt für die Sünden kein Opfer mehr übrig, sondern nur ein schreckliches Erwarten des Gerichts und ein Zorneseifer des Feuers, der die Widerspenstigen verzehren wird. Wenn jemand das Gesetz Moses verwirft, muss er ohne Erbarmen sterben auf die Aussage von zwei oder drei Zeugen hin; wie viel schlimmerer Strafe, meint ihr, wird derjenige schuldig erachtet werden, der den Sohn Gottes mit Füßen getreten und das Blut des Bundes, durch das er geheiligt wurde, für gemein geachtet und den Geist der Gnade geschmäht hat?"* (Heb. 10, 26–29). Beachte: Diese Warnung richtet sich nicht an Christen, die wieder in einen weltlichen, sündigen Lebensstil zurückgefallen sind (Paulus würde diese Menschen als „fleischliche" Christen bezeichnen), sondern an diejenigen, die eine Offenbarung des Evangeliums der Gnade gehabt haben und es bewusst ablehnen.

3. Die Jünger brüsteten sich mit ihrer Überlegenheit und stritten sich darüber, wer von ihnen der Größte im Reich Gottes sein würde. Jesus entgegnete, dass sie nicht in die Königsherrschaft des Himmels kommen würden, wenn sie nicht wie kleine Kinder werden, d. h. in kindlichem Glauben und in Abhängigkeit von Gott leben, anstatt auf sich selbst zu vertrauen (s. Mt. 18, 3).
Eine Botschaft an die Kinder Christi, dass sie nach fleischlichen Leistungen beurteilt werden, würde sie zum Straucheln bringen.
Dann warnte Jesus streng: *„Wer aber einem von diesen Kleinen, die an mich glauben, Anstoß (zur Sünde) gibt* (d. h., sie zum Straucheln bringt – Anm. d. Autors), *für den wäre es besser, dass ein großer Mühlstein an seinen Hals gehängt und er in die Tiefe des Meeres versenkt würde."* (Mt. 18, 1–6).
Noch einmal, die Botschaft lautet ganz klar: „Legt euch nicht mit dem Evangelium an!"

Kämpfst Du die richtigen Kämpfe?

Es ist falsch, wenn Gläubige wegen persönlicher Kränkungen kämpfen, zanken und streiten. Es ist auch falsch, miteinander über sekundäre Lehrfragen zu streiten. Aber wenn die Einfachheit des christuszentrierten Evangeliums (s. 2. Kor. 11, 3) sogar durch wohlmeinende Christen unter Beschuss gerät, müssen wir bereit sein, es mit unmissverständlichen Worten zu verteidigen. Jesus und die Apostel taten das.
Kämpfst Du die richtigen Kämpfe?

Gegenwärtige Gnade

Gott hat ein besonderes Wort für uns. Es lautet: „Heute". Ein wichtiger Schlüssel zum Grundverständnis des christlichen Lebens ist, dass wir lernen, einen Tag nach dem anderen zu leben. Wir haben die Vergangenheit hinter uns gelassen. Wir können die Zukunft planen.

Aber wir können nur heute leben.

Einer der Unterschiede zwischen Gott und uns ist, dass wir durch Zeit und Raum begrenzt sind; Er ist es nicht. Wir sind endliche Wesen; Er ist unendlich. Er ist derjenige, „... *der ist und der war und der kommt.*" (Offb. 1, 8). Wir sind räumlich und zeitlich begrenzt. Zeit ist das Messinstrument für die Dauer oder das Dasein. Unser Leben wird uns in mundgerechten Stücken gegeben, bemessen durch den Auf- und Untergang der Sonne.

Für das Heute gibt es Gnade. Das bedeutet, dass wir für alles ausgerüstet sind, was das Leben uns heute bringen mag.

Doch Satan versucht, die Gnade Gottes mit zwei anderen Worten zunichtezumachen: „Gestern" und „Morgen". Wenn er uns als Geisel in der Vergangenheit festhalten oder in die Zukunft entführen kann, dann werden wir die Gnade von heute nicht erfahren.

Welche Dinge können uns in der Vergangenheit gefangen halten?

1. Nostalgie. Es gibt einen Unterschied zwischen Schwelgen in Erinnerungen und Nostalgie. In Erinnerungen schwelgen bedeutet, sich mit Zuneigung an die Vergangenheit zu erin-

nern. Es ist gut, auf kostbare Erinnerungen zurückzublicken, mit Dankbarkeit gegenüber dem Herrn in unserem Herzen. Aber Nostalgie ist eine sentimentale Sehnsucht nach einer bestimmten Zeit der Vergangenheit. Die nostalgische Person weigert sich, weiterzugehen und wünscht sich, die Vergangenheit noch einmal zu erleben.

Manche leben in einer Zeitfalle. Sie denken, dass die „gute alte Zeit" immer besser war als die Gegenwart. (Sie haben meist ein selektives Gedächtnis!)

Als die Israeliten aus der Gefangenschaft zurückkehrten und das Fundament des neuen Tempels legten, gab es gemischte Gefühle. Die Jüngeren jubelten vor Freude, die Älteren aber weinten, weil sie sich an die Pracht des salomonischen Tempels erinnerten. Sie weigerten sich, zu glauben, dass das Potenzial des Neubeginns mit der Herrlichkeit der Vergangenheit mithalten könnte.

Lass Dich nicht der Segnungen der Gegenwart berauben, indem Du denkst, dass das Heute niemals so gut sein kann wie das Gestern.

2. <u>Unversöhnlichkeit.</u> Wir alle werden verletzt. Aber manche halten lange Zeit an Verletzungen fest; oder vielmehr werden sie von Verletzungen festgehalten.

Auf eine seltsame Art und Weise können wir denken, dass wir uns an dem, der uns verletzt hat, durch Nichtverzeihen rächen können; aber so funktioniert es nicht. In Wirklichkeit sind wir diejenigen, die von der Vergangenheit in Geiselhaft gehalten werden. In Sprüche 18, 19 lesen wir: *„Ein Bruder, an dem man treulos gehandelt hat, ist schwerer zu gewinnen als eine befestigte Stadt, und Zerwürfnisse sind wie der Riegel einer Burg."* Wenn wir jemandem aufrichtig vergeben, lassen wir einen Gefangenen frei und entdecken dann, dass wir selbst dieser Gefangene sind!

Nichts hält uns so sehr in der Vergangenheit gefangen wie Unversöhnlichkeit. Sie ist das Gefängnis von gestern. Aber

Gottes Gnade macht uns frei, indem sie uns befähigt, zu vergeben, so wie uns vergeben wurde.

3. <u>Schlechte Theologie.</u> Viele Christen sind durch den Einfluss der Populärpsychologie der Lehrmeinung erlegen, wir seien Opfer der Vergangenheit. Sie geben der Vergangenheit die Schuld für die Gegenwart.

   Menschen und Erlebnisse mögen uns beeinflussen, besonders die frühen im Leben, doch wir sind kein Produkt unserer Vergangenheit, sondern des Kreuzes und der Auferstehung Christi. Wenn wir eine Offenbarung unserer Identität als neue Schöpfung in Christus erhalten, können wir den Übergang vom „Opfer" zum „Sieger" vollziehen.

Welche Dinge entführen uns in die Zukunft?

1. <u>Mutmaßungen.</u> In Sprüche 27, 1 lesen wir: *„Rühme dich nicht des morgigen Tages, denn du weißt nicht, was ein einziger Tag bringen kann!"*

   Wenn wir vor schwierigen Herausforderungen stehen, geraten wir manchmal in Versuchung, das auf morgen zu verschieben, was heute getan werden muss. Das bedeutet, sich mit dem Morgen zu begnügen oder sich etwas vorzumachen. Wir sagen „morgen", wenn das Heute zu mühselig erscheint. Aber Aufschieben macht die Dinge nicht einfacher; es macht nur das Herz schwer. Schwierige Zeiten sind Gelegenheiten, Gott zu vertrauen und Seine wundertätige Kraft in unserem Leben zu entdecken. Wir können alle Dinge tun durch Christus, der uns stärkt (s. Phil. 4, 13).

2. <u>Ängstlichkeit.</u> Sorge ist zerstörerisch. Das griechische Wort für „Sorge" bedeutet „zerreißen". Die Sorge reißt uns in zwei Teile. Eine Hälfte von uns geht sozusagen in die Zukunft und

versucht, unsere potenziellen Probleme zu lösen, und die andere Hälfte bleibt im Hier und Jetzt.

Wir können uns heute nicht mit den Problemen von morgen befassen. Wir haben keine Gnade für morgen, solange das Morgen nicht zum Heute wird.

Gottes Botschaft an uns ist, uns heute mit den Problemen von heute zu befassen. Jesus sagte: *„Macht euch also keine Sorgen um den morgenden Tag! Denn der morgende Tag wird seine eigenen Sorgen haben; jeder Tag hat an seiner eigenen Mühsal genug."* (Mt. 6, 34 MNG).

Welche Herausforderungen, Verantwortlichkeiten und Chancen stehen heute vor Dir? Lass Dich auf sie ein und vertraue auf Gottes Gnade. *„Alles, was deine Hand zu tun vorfindet, das tue mit deiner ganzen Kraft; ..."* (Pred. 9, 10).

Dies ist der Tag!

Gottes Gnade befreit uns von der Vergangenheit, erlaubt uns, Ihm für die Zukunft zu vertrauen und befähigt uns für das Heute. Dies ist der Tag, den der Herr für Dich und mich gemacht hat, ... Lasst uns daran erfreuen und fröhlich sein! (s. Ps. 118, 24).

Mein bester Neujahrsvorsatz

Zu Beginn eines jeden Jahres fassen Menschen oft den Vorsatz, irgendetwas in ihrem Leben zu ändern. Zu den häufigsten Vorsätzen gehören Dinge wie abnehmen, mehr Sport treiben, eine schlechte Angewohnheit aufgeben, mehr Geld sparen, eine Beziehung verbessern usw.

Dann gibt es noch geistliche Vorsätze, wie z.b. mehr in der Bibel zu lesen, mehr zu beten, mehr vom Evangelium zu erzählen, ein besserer Christ zu sein usw.

Umfragen haben ergeben, dass nur ein geringer Prozentsatz dieser Vorsätze auch dauerhaft umgesetzt wird.

Mein erfolgreichster Neujahrsvorsatz

Obwohl ich im Laufe der Jahre viele Vorsätze gefasst und gebrochen habe, gibt es ein Versprechen, auf das ich besonders stolz bin. Das liegt daran, dass ich es seitdem nie gebrochen habe. Es lautet: „Ich nehme mir vor, nie wieder Vorsätze zu fassen!"

Mein letzter Vorsatz entstand, als ich ein größeres Verständnis für das christliche Leben erlangte. Wie viele andere Gläubige nahm ich mir vor, ein besserer Christ zu sein, eine lästige Sünde oder eine schlechte Angewohnheit aufzugeben, etwas zu tun, von dem ich dachte, dass ich es tun sollte – und das alles mit der schieren Kraft meines Willens!

Ohne es zu merken, vermählte ich mich mit dem Gesetz und erlebte die Niederlage, von der Paulus in Römer Kapitel 7 spricht: „... das Wollen ist zwar bei mir vorhanden, aber das Vollbringen des Guten gelingt mir nicht." (Röm. 7, 18). Unter dem Gesetz hatte Paulus zwar den Willen, sich zu ändern, aber nicht die Fähigkeit dazu. Er bekannte, dass er das Gute, das er tun wollte, nicht tun konnte; und das Böse, das er nicht tun wollte, das tat er. So sieht das Leben aus, wenn man mit dem Gesetz vermählt ist.

Gottes Lösung für gute Vorsätze

Aufrichtige Menschen nehmen sich vor, ihr Leben zu verändern. Aber früher oder später entdecken sie, dass Entschlossenheit allein nicht ausreicht und dass die Vereinigung mit dem Gesetz eine unfruchtbare Beziehung ist.

Was also ist die Lösung? Wie bei vielen von uns führten diese „Gesetzeswerke" bei Paulus schließlich zum Ende seiner selbst – auch zum Ende all seiner Entschlusskraft. Er rief aus: *„Ich elender Mensch! Wer wird mich erlösen von diesem Todesleib?"* Das war der Moment seines Durchbruchs. Er erkannte dann die Antwort auf seine Frage und rief sie laut aus: *„Ich danke Gott – durch Jesus Christus, unseren Herrn!"* (Röm. 7, 24–25).

In Römer 7, 1–6 sehen wir, wie Gott uns aus unserer Vermählung mit dem Gesetz herausholt. Wenn wir an unsere Errettung durch den Herrn Jesus Christus glauben, werden wir in eine Beziehung mit Ihm gebracht. Das bedeutet, dass wir mit Ihm gestorben sind; und durch den Tod wurden wir aus unserer Verbindung mit dem Gesetz befreit. Dann wurden wir zu neuem Leben auferweckt und in eine eheliche Beziehung mit Christus selbst gebracht. Er ist nun die Quelle unserer Frömmigkeit.

Wir sind zwar bereit, uns zu verändern, aber unser Fleisch möchte das nicht wirklich. Das ist das Problem mit Vorsätzen auf der Grundlage des Gesetzes. Deshalb enden unsere besten Vorsätze in einer Niederlage. Denn in unserem Herzen wollen wir *diese* Gewohnheit nicht wirklich aufgeben oder *jene* Veränderung vornehmen. Aber es verhält sich ganz anders, wenn Gott die Arbeit macht. Er bewirkt in uns sowohl das Wollen als auch das Vollbringen nach Seinem Wohlgefallen (s. Phil. 2, 13).

Veränderung auf der Grundlage des Gesetzes ist lediglich eine Verhaltensmodifikation. Sie verändert nur äußerlich. Und aus diesem Grund ist sie normalerweise kurzlebig. Aber auf Gnade basierende Veränderung ist Transformation. Gott verändert zuerst das Herz und dann wird der Rest unseres Lebens mit dem in Übereinstimmung gebracht, was in unserem Herzen ist.

Seine Gnade bewirkt das Wollen

Es gibt einen schönen Vers in Psalm 110, einem messianischen Psalm, der sich mit dem Hohepriesteramt Jesu beschäftigt. Er blickt auf das gegenwärtige Zeitalter des Neuen Bundes voraus, in der Jesus als unser Großer Hohepriester zur Rechten Gottes erhöht werden würde. Als Teil Seines Dienstes schenkt Er uns Gnade und legt göttliche Wünsche in unsere Herzen. In Vers 3 heißt es: *„Dein Volk ist (voller) Willigkeit am Tage deiner Macht."* (ELB).

Sobald wir an Christus glauben, sind wir zwar vollkommen und dauerhaft gerecht gemacht, doch wir wissen, dass die Veränderung in unserem Verhalten nicht auf einen Schlag geschieht. Aber leg nicht den Panikschalter um und kehre zum Gesetz zurück in dem Bemühen, Dich zu ändern. Vertraue Christus. Er, der ein gutes Werk in Dir begonnen hat, wird es auch vollenden (s. Phil. 1,6).

Während unser Hohepriester Jesus unseren Herzen Gnade zuteilwerden lässt, werden die falschen Begierden, die so tief in uns verwurzelt zu sein scheinen, ihre Macht und allmählich ihre Anziehungskraft verlieren.

Die Gnade macht uns willig, willig zu werden. Freu Dich! Denn der Tag Seiner Gnade und Macht ist da!

Kleine Kinder, junge Männer und Väter

Jesus hat uns beauftragt, Menschen zu Jüngern zu machen (s. Mt. 28, 19). Was bedeutet das? Wie lange dauert der Prozess der Jüngerschaft? Und woher weiß man, wann er abgeschlossen ist?

An verschiedenen Punkten in Seiner Lehre deutete Jesus oft an, dass es drei verschiedene Phasen des geistlichen Wachstums gibt. Zum Beispiel sagte Er im Gleichnis vom Wachstum der Saat (Mk. 4, 26–29), dass das Reich Gottes wie ein Mann ist, der Samen auf den Boden streut. Der Same keimt und wächst von selbst in drei Etappen auf – zuerst der Halm, dann die Ähre, danach das volle Korn in der Ähre.

Dann lehrte Er in einem anderen Gleichnis, dass der Same, der auf guten Boden fiel, in drei unterschiedlichen Mengen Frucht brachte: „... etliches hundertfältig, etliches sechzigfältig und etliches dreißigfältig." (Mt. 13, 8).

In Johannes 15, wo Jesus unsere Beziehung zu Ihm durch das Gleichnis vom Weinstock und den Reben verdeutlicht, sagt Er, dass wir Frucht, mehr Frucht und viel Frucht bringen werden, wenn wir in Ihm bleiben.

Kleine Kinder, junge Männer und Väter

Johannes erwähnte auch drei verschiedene Stadien der Reife, die er als „kleine Kinder", „junge Männer" und „Väter" bezeichnete (s. 1. Joh. 2, 12–14). Schauen wir uns an, was er über jede dieser Entwicklungsstufen zu sagen hatte.

a) **Kleine Kinder.** Wie im natürlichen Bereich beginnen wir unsere geistliche Reise als kleine Kinder. An diese wendet sich Johannes mit den Worten: *„Ich schreibe euch, ihr Kinder, weil euch die Sünden vergeben sind um seines Namens willen."* (1. Joh. 2, 12). Kleine Kinder müssen wissen, dass ihre Sünden – vergangene, gegenwärtige und zukünftige – aufgrund des vollendeten Werkes Jesu am Kreuz alle vollständig vergeben sind.

Sündenbewusstsein ist eines der größten Hindernisse für geistliches Wachstum. Der Schreiber des Hebräerbriefes ermahnt uns, dass wir uns der Vollkommenheit zuwenden sollen (Hebr. 6, 1).

Das Wort „Vollkommenheit" bedeutet hier, etwas zu der Vollendung zu bringen, wozu es geschaffen wurde. Wir wurden für eine vollkommene, innige Beziehung zu Gott geschaffen. Damit dies verwirklicht werden kann, müssen zwei Dinge geschehen:

1. Wir müssen davon überzeugt sein, dass der Gedanke an unsere Sünde völlig und dauerhaft aus Gottes Gedanken entfernt worden ist. Das ist genau das, was uns unter dem Neuen Bund versprochen wird: „... denn ich werde gnädig sein gegen ihre Ungerechtigkeiten, und an ihre Sünden und ihre Gesetzlosigkeiten werde ich nicht mehr gedenken." (Hebr. 8, 12).
2. Der Gedanke an Sünde muss aus unseren Herzen entfernt werden. Gott will uns nicht nur vergeben; er will, dass wir wissen, dass uns vergeben ist. Am Kreuz fand der große Austausch statt. Jesus hat unsere Sünden auf Sich genommen und wir haben Seine Gerechtigkeit empfangen. *„Denn er hat den, der von keiner Sünde wusste, für uns zur Sünde gemacht, damit wir in ihm (zur) Gerechtigkeit Gottes würden."* (D. h. zu der Gerechtigkeit, die von Gott gewirkt wird bzw. die vor Gott gilt – Anm. in der Schlachter Bibelübersetzung.) (2. Kor. 5, 21). Jeder Christ sollte daher ein überwältigendes Bewusstsein davon haben, vor Gott gerecht zu sein.

Als ich diese Wahrheiten auf einer Pastorenkonferenz vermittelte, war es sehr offensichtlich, dass einige, wenn nicht sogar viele der Pastoren überhaupt keine Vorstellung von Gerechtigkeitsbewusstsein hatten. Sie plagten sich mit Schuld und Verurteilung und vermittelten ihren Leuten Sündenbewusstsein. Ich sagte zu ihnen: „Einige von euch sind zu dieser Konferenz gekommen mit der Überzeugung, dass ihr Väter im Glauben seid. In Wirklichkeit seid ihr nicht einmal kleine Kinder. Ihr wisst und glaubt noch nicht, dass euch eure Sünden um Seines Namens willen vergeben sind!"

Solange wir nicht davon überzeugt sind, dass Gott uns nie wieder Sünde zuschreiben wird, bleiben wir Säuglinge, unkundig im Wort der Gerechtigkeit (s. Hebr. 5, 13).

b) Junge Männer. Zu der nächsten Gruppe sagte Johannes: *„Ich schreibe euch, ihr jungen Männer, weil ihr den Bösen überwunden habt."* (1. Joh. 2, 13). Kleine Kinder wissen, dass sie frei sind von der *Bestrafung* der Sünde. Aber junge Männer wissen, dass sie auch frei sind von der *Macht* der Sünde. Sie sind nicht sündlos – das ist niemand –, aber sie sind frei von der Herrschaft und Kontrolle der Kraft der Sünde. Sie haben gelernt, wie sie stark sein und den Feind überwinden können.

Wie werden wir stark gemacht? Paulus sagt: *„... seid stark <u>in dem Herrn</u> und in der Macht seiner Stärke."* (Eph. 6, 10 – Hervorhebung durch den Autor). Es wird uns nicht gesagt, dass wir *für* den Herrn stark sein sollen, sondern dass wir *im* Herrn stark sein sollen.

- Wer versucht, stark für den Herrn zu sein, zieht die Rüstung des Fleisches an.
- Wer im Herrn stark ist, zieht die Rüstung Gottes an.

Wenn wir versuchen, für den Herrn stark zu sein, tun wir das Beste, was wir in unserer eigenen fleischlichen Kraft tun können. Wer aber stark im Herrn ist, hat gelernt, aus Seiner Gnade zu leben. Paulus sagte zu Timotheus: *„... sei stark <u>in der Gna-</u>*

de, die in Christus Jesus ist." (2. Tim. 2, 1 – Hervorhebung durch den Autor).

Das Wort, das Johannes für „stark" verwendet, bedeutet, mit Kraft ausgestattet zu sein. Genau das bewirkt die Gnade. Sie stattet uns mit Gottes Fähigkeit anstelle unserer Unfähigkeit aus. Sie tauscht unsere Schwäche gegen Seine Stärke aus.

Es gibt viele Situationen, in denen wir die Grenzen unserer fleischlichen Fähigkeiten entdecken. Wenn wir an diesen Punkt kommen, sagen wir: „Ich kann das nicht schaffen" oder „Ich kann das nicht bewältigen" oder „Ich kann nicht mehr weiter." Aber derjenige, der gelernt hat, im Herrn und in der Kraft Seiner Macht stark zu sein, sagt: _„... alles vermag ich in ihm, der mich stark macht."_ (Phil. 4, 13 MNG).

c) Väter. Eine wesentliche Eigenschaft von Vätern ist, dass sie Kinder haben! In ähnlicher Weise hat ein geistlicher Vater (oder eine geistliche Mutter) Kinder, d. h., er/sie hat andere zu Jüngern gemacht.

Wer ein klares Gerechtigkeitsbewusstsein besitzt und aus der Gnade Gottes zu leben gelernt hat, ist befähigt, andere zu Jüngern zu machen. Diese beiden Themen sind die Grundlagen des christlichen Lebens.

Leider stürzen sich viele Gläubige in die Anleitung zur Jüngerschaft, ohne eine Offenbarung der eigenen Gerechtigkeit in Christus zu haben und ohne gelernt zu haben, in der Gnade zu leben. Sie werden zu blinden Führern von Blinden, die gewöhnlich Gesetzlichkeit lehren und ihren Jüngern schwere Lasten aufbürden.

Lass Dich nicht dazu hinreißen, andere zu Jüngern zu machen, ehe Du Deine eigene Gerechtigkeit in Christus und das Leben in der Gnade begriffen hast. Bete dann, dass Gott Dir Menschen mit hungrigen Herzen über den Weg schickt. Er wird es tun!

TAG 23

Sind wir Donnersöhne oder Gottessöhne?

Im Jahr 2009 verloren bei Buschbränden in Victoria, Australien, 173 Menschen ihr Leben und es wurden etwa 2000 Häuser zerstört. Anfang 2011 führten Überschwemmungen und ein Zyklon der Kategorie 5 zu einer Überflutung von 75 % von Queensland, wobei viele Menschen starben und ganze Gemeinden verwüstet wurden. Innerhalb eines Monats wurden in Perth über 70 Häuser durch Brände vollständig zerstört. Zwei Wochen später erschütterte ein Erdbeben der Stärke 6,3 die neuseeländische Stadt Christchurch und forderte 181 Todesopfer.

Eines der verstörendsten Dinge an diesen Tragödien ist, dass innerhalb von 24 Stunden nach deren Eintreten auf christlichen Websites und in E-Mails Beiträge im Umlauf waren, in denen geschlussfolgert wurde, diese Katastrophen seien das Gericht Gottes über diese Gegenden wegen ihrer Sünden.

Wir müssen diese Behauptung zurückweisen, weil sie vier verschiedenen Tests nicht standhalten kann.

1) Sie besteht den Test des gesunden Menschenverstandes nicht

Selbsternannte Propheten schoben die Schuld an den Bränden in Victoria auf die Entkriminalisierung der Abtreibung. Aber diese Gesetze waren von Politikern in Melbourne verabschiedet worden, nicht etwa von den unschuldigen Familien im Busch, deren Leben damals zerstört wurde. In ähnlicher Weise sagten einige christliche Leiter nach dem 9/11-Terroranschlag auf die Vereinigten Staaten, dass Heiden, Abtreiber, Feministinnen, Schwule und Lesben die Schuld hätten. Aber es gab schon immer Heiden, Abtreiber, Feministinnen, Schwule und Lesben; nicht nur in den Vereinigten Staaten, sondern in den meisten anderen Ländern der Welt. Wenn Gott die USA für diese Dinge gerichtet hätte, warum hat Er es dann nicht schon früher und nicht auch mit anderen Nationen getan?

Einige Christen gaben dem damaligen australischen Außenminister Kevin Rudd die Schuld an den Überschwemmungen in Queensland, weil er Israel aufforderte, dem Atomwaffensperrvertrag beizutreten und UN-Inspektoren Zugang zu seinen Atomanlagen zu gewähren. Angeblich hat Gott drei Viertel von Queensland überflutet, nur weil Kevin Rudd, der aus Queensland stammt, dies getan hat. Das gibt dem Spruch „Gottes Wege sind unergründlich" eine ganz neue Bedeutung!

Eine ähnliche Argumentation gab es nach dem verheerenden Erdbeben in Christchurch. Eine von manchen als Prophet angesehene Person sagte, dass sie vor dem Erdbeben die Leiter der Kirchen dazu aufgerufen habe, ihre Gemeinden zusammenzubringen. Sie wollte, dass die Gemeinden öffentlich dafür danken, dass es bei einem fünf Monate früher stattgefundenen Erdbeben keine Todesfälle gegeben hatte. Offenbar führte deren Versagen dann zu dem tödlichen Erdbeben im Februar 2011!

Es scheint, dass jede größere Katastrophe zu einer Gelegenheit für selbsternannte Propheten wird, das Ereignis mit bestimmten Sünden innerhalb der Gemeinde in Verbindung zu bringen und damit ihre Glaubwürdigkeit als Propheten zu untermauern.

Aber als die Jünger Jesus nach einer lokalen Tragödie diese Theologie des Gerichts vorschlugen, wies Er sie sofort zurück (s. Luk. 13, 1–5). Diese Behauptung scheitert also am gesunden Menschenverstand.

2) Oft verfehlt sie den prophetischen Test

Die Bibel sagt uns, dass wir Prophezeiungen prüfen sollen (5. Mo. 18, 22; 1. Kor. 14, 29). Was falsch ist, soll entlarvt und verworfen werden. Wenn eine Prophezeiung unbiblisch ist oder sich nicht erfüllt, dann sollen wir nicht auf denjenigen hören, der vorgegeben hat, die Prophetie im Namen des Herrn auszusprechen.

In einigen Fällen haben diejenigen, die Gottes Gericht durch solche Katastrophen prophezeit haben, eine schlechte Bilanz hinsichtlich der Erfüllung ihrer früheren Vorhersagen. Sie haben bereits den prophetischen Test nicht bestanden und sich selbst disqualifiziert.

3) Sie hat den biblischen Test nicht bestanden

Eines der größten Probleme in der Gemeinde ist das Unvermögen, das Wort Gottes richtig zu teilen. Der Ausdruck „richtig teilen" kommt von dem griechischen Wort „orthotomeo", das aus zwei einzelnen Wörtern zusammengesetzt ist: temno = schneiden und orthos = gerade. Die Bedeutung von orthotomeo ist: „Einen geraden Weg schneiden". Wenn wir etwas schneiden, teilen wir es in zwei Teile. Die Bibel besteht aus zwei Teilen, nämlich aus dem Alten und dem Neuen Testament. Das Kreuz Jesu schnitt eine gerade Demarkationslinie zwischen diese beiden Bünde.

Wir leben nicht in einer theokratischen Nation wie der des alttestamentlichen Israel, das sich als Nation in einem Bund mit Gott befand. Unter diesen Rahmenbedingungen stand der Nation das Gericht Gottes bevor, wenn sie von Seinem Gesetz abwich, und die Propheten wurden von Gott gesandt, um sie davor zu warnen.

Stattdessen leben wir in der Zeit der Gnade, in der das Evangelium den Nationen der Welt gepredigt wird. Unter dem Alten Bund wurde das göttliche Gericht vollstreckt, weil es kein Opfer für die Sünden des Volkes gab. Aber jetzt ist Christus für die Sünden der ganzen Welt gestorben und obwohl viele immer noch keine Vergebung empfangen haben, gibt es im jetzigen Zeitalter Errettung für alle, die glauben. Ja, es gibt einen Tag des Gerichts, der am Ende dieses Zeitalters für diejenigen kommt, die Christus ablehnen, aber heute ist der Tag des Heils (s. 2. Kor. 6, 1–2).

Das ist es, was wir dieser Generation verkünden sollen. Jesus ist nicht gekommen, um die Welt zu verurteilen, sondern um das Heil zu bringen (Joh. 3, 16–17). Unser Auftrag ist der Dienst der Versöhnung (2. Kor. 5, 18+20). Wir sollen hinausgehen und die Menschen inständig auffordern, sich durch Christus mit Gott versöhnen zu lassen.

Weiterhin wird die „Gerichtstheorie" dadurch widerlegt, dass sowohl bei den Bränden in Victoria als auch bei dem Erdbeben in Christchurch auch wiedergeborene Gläubige starben. Daher konnten diese Katastrophen nicht das Ergebnis eines Gerichts Gottes sein, denn die Bibel sagt klar, dass Gott die Gerechten nicht mit den Bösen richten wird (s. 1. Mo. 18, 35). Bevor Gott das Gericht über Sodom und Gomorrha bringen konnte, sandte Er einen Engel, um Lot aus der Stadt zu bringen. Obwohl Lot falsche Kompromisse einging, war er dennoch ein Gerechter (s. 2. Petr. 2, 7). Und so wie Gott Sodom nicht richten würde, während Lot dort war, so wird Er die Gerechten nicht mit den Bösen richten, weil ihr Gericht bereits am Kreuz stattgefunden hat.

4) Sie besteht den Test des Geistes Christi nicht

Als Jesus von einem samarischen Dorf abgelehnt wurde, fragten Ihn Jakobus und Johannes, ob sie Feuer vom Himmel auf das Dorf herabrufen sollten, so wie Elia es getan hatte. Die Antwort Jesu ist sehr aufschlussreich. „*Er aber wandte sich um und ermahnte sie ernstlich und sprach: Wisst ihr nicht, welches Geistes (Kinder) ihr seid? Denn der Sohn des Menschen ist nicht gekommen, um die Seelen der Menschen zu verderben, sondern zu erretten!*" (Luk. 9, 54–56). Er nannte sie „Donnersöhne"!

Untergangspropheten, die darauf bestehen, dass Gott die Menschen durch Naturkatastrophen und Unglücksfälle vernichtet, haben keine Ahnung von dem wahren Herzen Gottes gegenüber dem Sünder. Sie halten ihre Intoleranz gegenüber Sündern für die Intoleranz Gottes! Sie haben das Wesen Gottes nach dem Bild ihrer eigenen Herzen geformt.

Als Söhne Gottes sollten wir Sein liebendes und gnädiges Herz gegenüber den Sündern lehren und vorleben, ohne die Wahrheit des Evangeliums zu verwässern. Es ist die Güte Gottes, die einen Menschen zur Umkehr führt (Röm. 2, 4; 2. Petr. 3, 9+15).

Das Gottesbild der Welt verändern

Eine möglicherweise feindselige Reaktion unseres Gegenübers lässt uns manchmal davor zurückschrecken, unseren Glauben mitzuteilen. Wenn wir jedoch unseren Glauben bezeugen und Menschen sich dadurch angegriffen fühlen, liegt das normalerweise nicht an uns.

Erstens müssen wir uns daran erinnern, dass das Kreuz immer ein Ärgernis sein wird. Jesus sagte: *„Wenn euch die Welt hasst, so wisst, dass sie mich vor euch gehasst hat."* (Joh. 15, 18). Wenn Du ein Leben ohne Verfolgung haben möchtest, dann folgst Du der falschen Person!

Doch viele derjenigen, die das Christentum zu hassen scheinen, tun das in Wirklichkeit gar nicht. Sie wissen einfach nicht, was wahres Christentum ist. Irgendjemand war vor Dir da und so haben diese Menschen die falsche Version kennengelernt, d. h. die religiöse Version.

Vielleicht wurden sie von einem Bibelverse zitierenden Eiferer angesprochen, der ein T-Shirt mit der Aufschrift „Turn or burn" („Bekehre dich oder verbrenne") trug! Der wahre Beweggrund des „Überfalls" war nicht, im Erbarmen Christi die Hand auszustrecken, sondern einer religiös auferlegten Pflicht nachzukommen und damit das eigene schlechte Gewissen zu beruhigen. Oder vielleicht bestand die Begegnung mit dem Christentum darin, dass jemand eine TV-Dokumentation über eine tragische Ära der Kirchengeschichte wie das finstere Mittelalter, die Kreuzzüge, die spanische Inquisition oder sogar aktuelle Skandale wie dem sexuellen Kindesmissbrauch durch Priester oder Leitungspersonen in der Kirche, gesehen hat.

Möglicherweise ist die Ursache des Ärgers auch persönlicher Natur. Jemand hat vielleicht ein Familienmitglied, das infolge eines geistlichen Missbrauchs durch einen kontrollsüchtigen

„Pastor" einen irreparablen Schaden erlitten hat; z. B. könnte dies durch einen Leiter geschehen sein, der bedingungslose Unterordnung verlangte und seine Anhänger irgendwie davon überzeugen konnte, dass Gehorsam ihm gegenüber bedeuten würde, Gott gehorsam zu sein.

Der wahre Jesus

Das ist es, was die Menschen ablehnen – nicht Gott. Wenn sie die Wahrheit über Gott entdecken könnten, würden sich viele in Ihn verlieben.

Mit wem hat sich Jesus angefreundet und wen hat Er zurechtgewiesen? Er wies diejenigen zurecht, die Gott falsch darstellten und immerzu mit ihrer Selbstgerechtigkeit prahlten. Aber mit Sündern freundete Er sich an. Auch wenn Er die Sünde nie guthieß, fühlten sich die Sünder in Seiner Gegenwart wohl. *„Und die große Volksmenge hörte ihm mit Freude zu."* (Mk. 12, 37).

Das Gleiche gilt für die frühe Kirche. Nach dem Tod von Ananias und Saphira hatten die Heuchler große Angst davor, sich mit Christen zu versammeln, *„... doch das Volk schätzte sie hoch."* (Apg. 5, 13).

Sehr viele dieser Menschen würden Gott lieben, wenn sie nur wüssten, wie Er wirklich ist. Wir müssen die Art und Weise verändern, wie die Welt Gott sieht. Lasst uns das „Wunderbare" in die Gnade zurückbringen[7] und der Welt das wahre Evangelium verkünden.

---

7 Eine Anspielung auf das bekannte Lied „Amazing Grace", zu Deutsch: „Wunderbare Gnade" – Anm. d. Übers.

TAG 25

Was ist Glaube?

Das christliche Leben ist ein Leben des Glaubens. *„Der Gerechte wird aus Glauben leben.“* (Röm. 1, 17). Aber was bedeutet es, aus dem Glauben zu leben? Was ist Glaube denn eigentlich?

Abraham wird als Beispiel für jemanden angeführt, der aus Glauben lebte. Schauen wir uns sein Leben an, um zu verstehen, was das Leben im Glauben ist.

1) Der Urheber des Glaubens ist Gott

In Hebräer 11, 8 lesen wir: *„Durch Glauben gehorchte Abraham, als er berufen wurde, nach dem Ort auszuziehen, den er als Erbteil empfangen sollte; …“.* Abraham hat Gott nicht gerufen; er wurde von Gott gerufen. Und er antwortete im Glauben.

Glaube ist unsere Antwort auf das, was durch Gott für uns in Gang gesetzt wird.

Manche lehren, ihr Glaube würde bewirken, dass Dinge geschehen. Das ist kein Glaube, sondern Vermessenheit. Echter Glaube glaubt an das, was Gott gesagt hat, nicht an das, was Er unserer Meinung nach tun sollte. *„… der Glaube kommt durch das Hören, das Hören aber durch das Wort Gottes.“* (Röm. 10, 17 – Wörtlich aus dem Englischen (KJV) – Anm. d. Übers.).

Wenn wir an etwas glauben, das Gott nicht initiiert hat, und versuchen, Ihn dazu zu bringen, auf unseren sogenannten Glauben zu reagieren, befinden wir uns nicht im Bereich des Glaubens, sondern der Manipulation.

Zum Beispiel ist mein Dienst als Pastor nur dann wertvoll, wenn ich auf die Weisung des Herrn reagiere. Wenn ich der Initiator werde und erwarte, dass Er darauf reagiert, habe ich die

Rollen vertauscht. Ich bin dann in der Position „Gottes" und Er in der meines Dieners!

Jesus hat das Leben des Glaubens vorgelebt, als Er auf der Erde war. Er sagte: „*Wahrlich, wahrlich, ich sage euch: Der Sohn kann nichts von sich selbst aus tun, sondern nur, was er den Vater tun sieht; denn was dieser tut, das tut gleicherweise auch der Sohn.*" (Joh. 5, 19).

Jesu Taten waren immer eine Reaktion auf das, was Sein Vater veranlasste. Er wählte die Jünger, weil Sein Vater es Ihm sagte. Er verwandelte das Wasser in Wein, weil der Vater es Ihm sagte. Er ging durch Samaria, wo Er der Frau am Brunnen diente, weil der Vater es Ihm sagte. Er tat nie etwas aus eigener Initiative.

Dies ist das Urbild für das Leben im Glauben. Der Glaube antwortet auf das, was Gott initiiert.

2) Christus ist der Hauptfokus unseres Glaubens

Worauf richtete Gott den Glauben Abrahams aus? Als Gott Abraham berief, begann Er Sein Programm für die weltweite Erlösung. Er versprach: „*... und in dir sollen gesegnet werden alle Geschlechter auf der Erde.*" (1. Mo. 12, 3). Aber wie sollte das geschehen?

Abraham und Sarah wurde ein Same versprochen. Auf diesen Samen richtete Gott den Glauben Abrahams. Christus ist der Same. Paulus macht das in Galater 3, 16 deutlich: „*Nun aber sind die Verheißungen dem Abraham und seinem Samen zugesprochen worden. Es heißt nicht:,... und den Samen', als von vielen, sondern als von einem: ,... und deinem Samen', und dieser ist Christus.*"

Als Gott Abraham mitteilte, dass Jesus allen Völkern als Erlöser dargebracht werden würde, hat Er ihm das Evangelium gepredigt. „*Da es nun die Schrift voraussah, dass Gott die Heiden aus Glauben rechtfertigen würde, hat sie dem Abraham im Voraus das Evangelium verkündigt: ,In dir sollen alle Völker gesegnet werden.'*" (Gal. 3, 8). Jesus sagte zu den Juden: „*Abraham, euer Vater, frohlockte, dass er meinen Tag sehen sollte, und er sah ihn und freute sich."* (Joh. 8, 56). Abraham hörte die gute Nachricht des Evangeliums von Gott!

Abraham wurde auf dieselbe Weise gerecht gemacht, wie wir es sind: durch das Vertrauen auf Jesus. Der einzige Unterschied zwischen ihm und uns ist, dass er auf Jesus *vorausschaute*, wir schauen auf Ihn zurück. Abraham glaubte, dass Gott ihm einen Sohn geben *würde*; wir glauben, dass Er uns einen Sohn gegeben *hat*.

Als ich untersuchte, was die Bibel über den Glauben zu sagen hat, machte ich eines Tages eine erstaunliche Entdeckung. Im gesamten Alten Testament, das etwa 80 % der Bibel ausmacht, wird der Glaube nur etwa 15-mal erwähnt. Der Grund dafür ist, dass der Hauptgegenstand unseres Glaubens Jesus Christus ist, und der war noch nicht in die Welt gekommen.

Paulus erklärt es so: *„Bevor aber der Glaube kam, wurden wir unter dem Gesetz verwahrt und verschlossen auf den Glauben hin, der geoffenbart werden sollte. So ist also das Gesetz unser Lehrmeister geworden auf Christus hin, damit wir aus Glauben gerechtfertigt würden. Nachdem aber der Glaube gekommen ist, sind wir nicht mehr unter dem Lehrmeister; ...“* (Gal. 3, 23–25).

Wie sieht es im Neuen Testament aus; wie oft wird dort der Glaube erwähnt? In ungefähr 115 Versen wird uns gesagt, dass ein Mensch gerettet wird, wenn er an Christus glaubt. In weiteren 35 Versen heißt es, dass eine Person gerettet, gerechtfertigt oder gerecht gemacht wird, indem sie glaubt. Das sind insgesamt 150 Verse, in denen wir dazu aufgefordert werden, für unsere Errettung an Christus zu glauben.

Die Lektion ist klar. Gott möchte, dass wir unser Vertrauen auf Jesus setzen. Er ist der Hauptfokus unseres Glaubens.

3) Gnade ist die Gefährtin des Glaubens

Gnade und Glaube gehen Hand in Hand. Sie sind Partner. Der Glaube ist das passende Gegenstück oder die Ergänzung zur

Gnade. Aus Gnade werden wir gerettet, durch den Glauben (s. Eph. 2, 8). Gnade ist Gottes Part, Glaube ist unser Part. Gnade ist das, was Er getan hat; Glaube ist nicht das, was wir tun müssen, sondern wie wir empfangen, was Er getan hat. Diese beiden gehören zusammen und können nicht voneinander getrennt werden. Wenn es aus Gnade ist, dann ist es durch den Glauben.

Abraham fragte: „Wie können Sarah und ich in unserem Zustand ein Kind bekommen?" Die Antwort lautete: „Aus Gnade!" Die Gnade sagt, dass Gott es tun wird. Der Glaube antwortet: „Ich glaube es!"

4) Danksagung ist die Sprache des Glaubens

In 1. Mose 12, 7 wurde Abraham eine weitere Verheißung gegeben, diesmal bezüglich des Landes, das seine Nachkommen erben würden.

Als Antwort auf diese Verheißung baute er einen Altar und betete Gott an, indem er Ihm so für Seine Verheißung dankte, als ob er sie bereits erhalten hätte. Dabei waren die Kanaaniter immer noch im Land (s. 1. Mo. 12, 6). Aber Abraham betete Gott für das an, was Er zu tun versprochen hatte.

Auch wir bringen Opfer dar. „Durch ihn lasst uns nun Gott beständig ein Opfer des Lobes darbringen, das ist die Frucht der Lippen, die seinen Namen bekennen!" (Hebr. 13, 15).

Wir werden aufgerufen: *„Seid in allem dankbar; ..."* (1. Thess. 5, 18). Nicht nur für das, was Er getan hat, sondern auch für das, was Er noch tun wird. Wir danken Ihm sogar inmitten unserer Not, weil wir wissen, dass Er uns für jegliche Gegebenheit mit allem ausgestattet hat, was wir brauchen. Das ist Glaube.

Murren ist die Sprache des Unglaubens; Danksagung ist die Sprache des Glaubens.

Selbst Bettelgebet ist die Sprache des Unglaubens. Wir bringen unsere *„Bitten mit Danksagung"* (Phil. 4, 6) vor, nicht mit Appellen oder Betteln.

Wir „*bleiben ausdauernd im Gebet und wachen darin mit Danksagung.*" (Kol. 4, 2).

In Christus sind wir mit allem gesegnet worden, was wir zum Leben und zur Gottseligkeit brauchen. Der Glaube vertraut darauf und dankt dafür.

Aus dem Gewöhnlichen heraus

Wann immer Gott außergewöhnliche Dinge tut, wirkt Er durch ganz gewöhnliche Menschen. Er tut dies aus einem bestimmten Grund, nämlich damit Seine Gnade offenbar werden kann.

Das Außergewöhnliche erstrahlt am besten vor dem Hintergrund des Gewöhnlichen. Wenn Gott erstaunliche Dinge durch uns tut, sind wir uns sehr bewusst, dass es nichts mit uns zu tun hat, sondern dass Ihm alle Ehre gebührt!

Paulus sagte: *„Wir haben aber diesen Schatz in irdenen Gefäßen, damit das Außergewöhnliche der Kraft von Gott sei und nicht von uns."* (2. Kor. 4, 7). Das „Außergewöhnliche" ist das, was das Gewöhnliche übertrifft oder darüber hinausgeht. Gott legt das Potenzial für das Außergewöhnliche in menschliche Gefäße, Tontöpfe, die in der Sonne gebacken wurden (und manche sind sogar erst halb durch).

Keine Superstars im Reich Gottes

Manche Gemeinden veranstalten große Events und bieten ein Staraufgebot an berühmten christlichen Persönlichkeiten wie Sportstars, Schauspielern, Sängern usw. dar. Sie zahlen ihnen stattliche Honorare, damit sie ihre Zeugnisse erzählen und auftreten, in dem Glauben, dass ihre Berühmtheit die noch Unerlösten beeindrucken und zur Errettung führen wird. Ihre Logik scheint zu sein: „Schaut, wen wir auf unserer Seite haben! Willst du jetzt nicht auch Christ werden?"

Wie anders ist doch die Sichtweise von Paulus! *„Seht euch doch einmal eure Berufung an, liebe Brüder! Da sind nicht viele Gelehrte (Weise) im Sinne dieser Welt (nach dem Fleisch) unter euch, nicht viele ein-*

flussreiche Personen, nicht viele Hochgeborene; nein, was der Welt als
ungebildet (töricht) gilt, das hat Gott erwählt, um die Gelehrten (Wei-
sen) zu beschämen; und was der Welt als schwach gilt, das hat Gott
erwählt, um das Starke zu beschämen; und was der Welt als niedrig
und bedeutungslos (verächtlich) gilt, das hat Gott erwählt, ja das, was
der Welt nichts gilt, um das, was ihr etwas gilt, zunichte zu machen:
es soll sich eben kein Mensch (Fleisch) vor Gott rühmen können.“ (1.
Kor. 1, 26–29 MNG). Wir könnten diese Worte folgendermaßen
umschreiben: „Gott sagt: ‚Ich mache keine Champions; ich mache keine Superstars; ich mache nur gewöhnliche Menschen.‘“

Im Reich Gottes gibt es keine außergewöhnlichen Menschen,
sondern nur einen außergewöhnlichen Gott, der durch gewöhnliche Menschen außergewöhnliche Dinge tut. Der Weg ins Außergewöhnliche führt über das Gewöhnliche. Gott gebraucht
gewöhnliche Menschen.

Abraham Lincoln sagte einmal: „Gott muss die einfachen
Menschen geliebt haben, weil er so viele von ihnen gemacht hat.“

Neben vielem anderen liebe ich an der Bibel, dass ihre Pro-
tagonisten als einfache, bodenständige Menschen und nie als
etwas anderes dargestellt werden. Als Oliver Cromwell porträ-
tiert wurde, bat er darum, genau so gemalt zu werden, wie er
war, „mit Warzen und allem“. So stellt auch die Bibel ihre Cha-
raktere dar – mit allen Warzen! Es waren Menschen, die sich
der Zerbrechlichkeit ihrer Menschlichkeit schmerzlich bewusst
waren. Und doch gebrauchte Gott sie auf erstaunliche Weise.

Die Schlinge des Erfolgs

Das Dilemma ist, dass gewöhnliche Menschen sich manchmal
selbst für außergewöhnlich halten, wenn ein außergewöhnli-
cher Gott außergewöhnliche Dinge durch sie tut!

Ein Bischof wurde einmal eingeladen, in einer örtlichen Gemeinde zu sprechen. Offensichtlich dachte er, er sei etwas Besonderes. Jedoch erschien kaum jemand zu dem Treffen. Also

beugte er sich während des Gottesdienstes zum Vikar hinüber und sagte: „Haben Sie Ihren Leuten nicht gesagt, dass ich heute komme, um zu sprechen?" Der Vikar antwortete: „Nein. Aber offensichtlich hat sich das herumgesprochen!"

Jakobus sagte: *„Elia war ein Mensch von gleicher Art wie wir; ..."* (Jak. 5, 17). Ich habe mich oft gefragt, warum er Elia als Beispiel für einen Mann wählte, der ganz gewöhnlich war. Warum nicht Mose, oder David, oder Josua usw.? Dann entdeckte ich, dass Elia tatsächlich dachte, er *sei* etwas Besonderes. Nach seiner heldenhaften Konfrontation mit den Propheten des Baal auf dem Berg Karmel erwartete er einen erdrutschartigen Ansturm von Israeliten, die zu Gott zurückkehrten, beginnend mit König Ahab und Königin Isebel an der Spitze. Aber als Isebel einen Haftbefehl gegen ihn ausstellte, rannte er um sein Leben. Als er nicht mehr rennen konnte, sagte er zu Gott: *„So nimm nun, Herr, mein Leben, denn ich bin nicht besser als meine Väter!"* (1. Kö. 19, 4). Offensichtlich dachte er vorher, er sei seinen Vorvätern überlegen. Das war er nicht. Es ist nur so, dass Gott einige erstaunliche Dinge durch ihn getan hat.

Jesus war ein gewöhnlicher Mensch

Jesus war ein ganz gewöhnlicher Mensch. Verstehe mich nicht falsch, Jesus war, ist und wird immer Gott sein. Doch auf der Erde lebte Er nicht als Gott, sondern als Mensch; ein ganz gewöhnlicher Mensch. Er zog keine Menschenmassen wegen seiner Statur, seinem Charisma oder seinem Charme an. Tatsächlich sagt die Bibel über Ihn: *„Er hatte keine Gestalt und keine Pracht; wir sahen ihn, aber sein Anblick gefiel uns nicht."* (Jes. 53, 2).

Sein Geheimnis war, dass Er jeden Augenblick in völliger Abhängigkeit von dem außergewöhnlichen Wirken Seines Vaters durch Ihn lebte.

Er gab freimütig zu, dass Er aus sich selbst heraus nicht in der Lage war, irgendeine lebensverändernde Wahrheit hervorzubringen oder irgendein Wunder zu vollbringen. Seine Worte und Werke kamen vom Vater. Er sagte: *„Wahrlich, wahrlich, ich sage euch: Der Sohn kann nichts von sich selbst aus tun, sondern nur, was er den Vater tun sieht; denn was dieser tut, das tut gleicherweise auch der Sohn."* (Joh. 5, 19).

Jeden Tag brachte Er Seine Menschlichkeit dem Vater als ein Gefäß dar, durch das das Leben Gottes ausgegossen werden konnte. Jede außergewöhnliche Sache, die Jesus tat, kam aus dem Gewöhnlichen heraus. Auf diese Weise sollen wir Christus nachahmen.

Liebe/-r Freund/-in, sei nicht besorgt, wenn Du keinen X-Faktor besitzt oder nicht als Superstar wahrgenommen wirst.

Gewöhne Dich daran, gewöhnlich zu sein, denn der Weg ins Außergewöhnliche führt durch das Gewöhnliche. Gott gebraucht gewöhnliche Menschen.

Wie man zu einem effektiven Dienst kommt

Die Speisung der 5000 wird von Matthäus, Markus, Lukas und Johannes aufgezeichnet. Es ist offensichtlich, dass wir aus diesem Speisungswunder einige wichtige Prinzipien lernen sollten.

Jesus ging mit Seinen Jüngern in eine verlassene Gegend in der Nähe von Bethsaida, um sich zurückzuziehen, aber eine große Menschenmenge folgte Ihm. Als sie sich den ganzen Tag über um Ihn scharten, predigte Er zu ihnen und viele wurden geheilt.

Am späten Nachmittag fragte Jesus Philippus: „Wo sollen wir Brot kaufen, damit wir dem Volk zu essen geben können?"

Er fragte dies nicht, weil Er nicht wusste, was Er tun würde, sondern um zu sehen, ob Philippus wusste, dass Er es wusste. Außerdem wollte Er, dass Philippus mit Ihm in diesem Dienst zusammenarbeitet. Er wollte ihn und die anderen Jünger einige wichtige Dinge lehren.

Hier sind drei Grundsätze für effektiven Dienst, die wir aus dieser Begebenheit lernen können:

1) Plane Deinen Dienst nie auf der Basis Deiner Ressourcen

Philippus begann zu rechnen. Zweihundert Denare würden nicht ausreichen, um diese riesige Menschenmenge zu ernähren. Er hatte wahrscheinlich den Kontostand mit Judas abgeglichen, und mehr war nicht in der Kasse! „Es gibt nichts, was wir tun können! Wir haben nicht genug, um diesen Bedarf zu decken."

Wir sind groß im Rechnen, wenn wir klein im Glauben sind.

Als David Joab mit der Zählung seiner Armee beauftragte, rechnete er (s. 2. Sam. 24). Er wollte wissen, welche Ressourcen er zur Verfügung hätte, wenn er mit einem Feind konfrontiert werden würde – nur für den Fall, dass Gott nicht auftaucht, nehme ich an.

Mose rechnete in der Wüste, als das Volk nach Fleisch verlangte. *„Woher soll ich Fleisch nehmen, um all diese Menschen zu ernähren?"* (4. Mo. 11, 13).

Der Zweck des Kalkulierens ist es, im Voraus zu berechnen, was wir mit den vorhandenen Ressourcen erreichen können. Wenn wir kalkulieren, richten wir unseren Glauben auf unsere Ressourcen.

Hast Du Dich jemals gefragt, warum Jesus die Frage an Philippus richtete und nicht an die anderen? Wahrscheinlich lag es daran, dass er aus Bethsaida stammte. Er kannte die Gegend. Wenn jemand wissen würde, wo man Brot bekommt, dann Philippus. Er wäre bei dieser Gelegenheit der einfallsreichste Jünger gewesen.

Philippus sagte, dass zweihundert Denare nicht ausreichen würden. Nun, unsere Mittel werden nie genug sein. Das, wozu Jesus uns aufruft, ist viel größer als das, was wir liefern können. Nur Er kann liefern, was gebraucht wird. Aber wir werden das nie erleben, wenn wir kalkulieren.

Plane Deinen Dienst nie auf der Basis Deiner Ressourcen. Wenn Du das tust, wirst Du keinen Dienst haben. Du kannst vielleicht eine Dienstleistung anbieten, aber Du wirst keinen Dienst haben.

Dienst geschieht, wenn Gott unsere Quelle ist. Major Ian Thomas sagte: „Wenn Gott dich beruft, den Bedürfnissen der Menschheit zu begegnen, ist er derjenige, der durch dich und mit deiner Zustimmung den Bedürfnissen der Menschheit begegnet."

2) Weise niemals diejenigen ab, die Gott zu Dir bringt

Die Jünger sagten zu Jesus: „Schick die Menge weg, damit sie hingehen und Brot für sich selbst kaufen können." Noch einmal: Wir werden nie einen bedeutsamen Dienst haben, wenn wir Menschen wegschicken.

Natürlich gibt es einige Menschen, denen einfach nicht geholfen werden kann, weil sie nicht wirklich Hilfe wollen. Für jede Frage, die Du beantwortest, werden sie immer eine weitere Frage parat haben. Sie sind nicht wirklich auf der Suche nach Antworten. Sie suchen nach Gründen, nicht zu glauben.

Und dann gibt es noch diejenigen, die immer gerne von unserer kontinuierlichen Unterstützung Gebrauch machen. Unser Ziel im Dienst ist nicht die Förderung von Co-Abhängigkeit, sondern Menschen zu Christus zu führen. Der Erfolg in jedem Dienst ist daran zu messen: Haben wir die Menschen zu Jesus gebracht?

Aber niemals sollten diejenigen abgewiesen werden, die um echte Hilfe bitten. Wir mögen manchmal versucht sein, Menschen in die Schublade „zu schwierig" zu stecken und sie zu einer anderen Anlaufstelle wegzuschicken, z. B. zu Psychologen und weltlichen Beratern. Aber Jesus sagt: „Gebt ihr ihnen etwas zu essen." (s. Matth. 14, 16).

Er sagte ihnen nicht, woher es kommen würde. Aber die Tatsache, dass Er sie anwies, den Menschen zu essen zu geben, versicherte den Jüngern, dass es einen Vorrat geben würde.

Jemand sagte einmal, dass Gott immer für das bezahlt, was Er bestellt. Unsere Aufgabe ist es, den Menschen zu dienen; Seine Aufgabe ist es, sich um die Versorgung zu kümmern.

3) Unterschätze nie, was Er mit dem tun kann, was Du hast

Jesus fragte: „Wie viele Brote habt ihr?" Er hat nicht gefragt: „Wie viele brauchen wir?", sondern: „Wie viele habt ihr?" Was wir haben, muss zu Ihm gebracht werden.

Der Jünger Andreas holte einen Jungen mit fünf Broten und zwei kleinen Fischen. Fünf Brote und zwei Fische! Das Missverhältnis ist enorm. Er konnte nicht sehen, wie diese den Bedarf decken würden; aber er brachte sie zu Jesus und Er segnete sie. Was immer Du in Seine Hände legst, wird Er segnen.

Es waren nur fünf Brote und zwei Fische, aber wenn es fünf Brote und zwei Fische in Seinen Händen sind, sind sie plötzlich ein Festmahl für fünftausend Menschen.

Als sie von den Jüngern verteilt wurden, wurden die Brote und Fische vermehrt, bis alle satt waren.

Die Lektion ist klar. Wenn wir denken, dass wir nichts tun können, bis wir mehr Mittel haben, werden wir nichts tun. Aber wenn wir treu weggeben, was uns gegeben wurde, werden wir immer mehr erhalten, bis die Arbeit getan ist. *„Gebt, so wird euch gegeben werden; ein gutes, vollgedrücktes und gerütteltes und überfließendes Maß wird man in euren Schoß schütten."* (Lk. 6, 38).

Jeder von uns kann einen effektiven, fruchtbaren Dienst haben, wenn wir uns selbst und das, was wir haben, in Seine Hände legen!

Den Fokus auf Jesus ausgerichtet halten

Ich sprach mit meiner Gemeinde über die Zeit, als Gott die Kinder Israel aus Ägypten befreite. Das Blut des Passahlammes war der einzige Grund, weshalb das Volk Israel von Gott nicht genauso wie die Ägypter gerichtet wurde (denn auch die Israeliten waren Götzendiener – Hes. 20, 5–9; 3. Mo. 17, 7; Jos. 24, 14). Gott machte einen Unterschied zwischen den Israeliten und den Ägyptern (s. 2. Mo. 11, 7; 12, 11–13).

In ähnlicher Weise ist unser Passahlamm Jesus Christus der einzige Grund, warum wir vor Gott als gerecht gelten und nicht ins Gericht kommen werden.

Als Christen sollten wir uns ständig in Bezug auf unsere Position in Christus betrachten. Wenn der Feind verurteilend mit dem Finger auf uns zeigt, sollten wir mit dem Finger auf Jesus zeigen und sagen: „Siehe, das Lamm Gottes, das meine Sünde hinweggenommen hat!" (s. Joh. 1, 29). Jesus ist nicht gekommen, um uns unsere Sünden unter die Nase zu reiben, sondern um sie auszuradieren!

Den Fokus auf Jesus halten

In der darauffolgenden Woche erhielt ich eine E-Mail von einer unserer jungen Erwachsenen, die fragte, wie wir den Fokus auf Jesus gerichtet halten. Dies war meine Antwort an sie:

„Hi, gute Frage, wie man den Fokus auf Christus ausgerichtet hält. Ich glaube, das ist etwas, woran man arbeiten muss, ohne dass es zu einem Arbeitstrip wird, sofern das Sinn macht.

Was ich meine, ist Folgendes: Zu oft sind wir passiv in unserem Denken, und das sollten wir nicht sein.

Die Bibel lehrt uns tatsächlich, „unsere Gedanken auf die Wahrheit zu richten"; und was auch immer wahr, gut, schön usw. ist, über diese Dinge sollen wir nachdenken (s. Phil. 4, 8–9). Passivität im Denken ist keine gute Sache. Deshalb sollten wir unserem Denken nicht erlauben, passiv zu sein. Wir sollen unsere Gedanken auf das richten, was wahr ist (Kol. 3, 1–2; Röm. 8, 5–6).

Wenn wir unseren Verstand nicht bewusst auf die Wahrheit „einstellen", wird uns ein Großteil unseres Denkens diktiert.

In Röm. 12, 2 sagt Paulus, dass wir zuallererst dieser Welt nicht gleichförmig sein sollen. Wie Du sagst, werden wir ständig mit der Philosophie, den Gedanken usw. dieser Welt bombardiert. Leider ist das auch in die Kirche eingesickert. Und wenn wir uns nicht darin üben, zu analysieren, was wir hören und ob wir dem zustimmen, werden wir uns dem einfach anpassen.

Aber zweitens kommt echte Veränderung durch die bewusste Erneuerung unseres Denkens in Übereinstimmung mit dem, was wahr ist.

Hier sind nur ein paar Dinge, die mir geholfen haben, auf dem richtigen Weg zu bleiben (obwohl auch ich darin von Zeit zu Zeit unterliege!):

1. Paulus warnt uns davor, uns von der Einfachheit in Christus wegziehen zu lassen. Ich frage mich immer wieder: „Werden diese Lehre, diese Betonung, dieses Programm usw. mich dazu bringen, meinen Fokus auf Jesus zu legen, oder werden sie mich dazu bringen, meinen Fokus von ihm wegzunehmen?" (2. Kor. 11, 3). Die Quintessenz ist, dass sich alles um Jesus dreht ... Das ist die Einfachheit des christlichen Lebens. Was auch immer meinen Glauben an Ihn stärkt und meine Ausrichtung, in Ihm zu bleiben, muss gut sein. Was auch immer mich von Ihm wegbringt ..., dahin will ich nicht gehen.

2. Ich habe mich tatsächlich mit dem Thema auseinandersetzen müssen, dass Christen, die wirklich ein Christus-zentriertes und Christus-abhängiges Leben führen, in der Minderheit sind (lies Johannes 6, 53–66). Deshalb musste ich

lernen, mit dem Großteil dessen umzugehen, was mir entge-
genkommt und sich nicht auf Ihn konzentriert. Viele Christen und Leiter scheinen nach allem zu greifen, was gerade in
Mode ist ... die Sache mit den Kirchenwachstums-Program-
men usw. Ich sehe meine Aufgabe nicht in dem Versuch, zu
verändern, wie andere denken und ihr christliches Leben
leben; es sei denn, es handelt sich um einen dieser „Gottes-
momente". Hoffentlich sehen andere einen Unterschied in
der Art, wie ich Kirche gestalte oder mein christliches Leben
lebe, und fragen mich danach. Niemand wird zu Christus
kommen, es sei denn, der Vater zieht ihn oder sie. Aber weißt
Du was? Ich stelle fest, dass Gott mir mehr und mehr Menschen über den Weg schickt, die hungrig nach Christus sind.

Ich hoffe, das hilft, Ken".

Er liebt mich!

Eine junge Teenagerin verliebte sich zum ersten Mal. Ein Junge aus ihrer Schulklasse war stehen geblieben und hatte sich einige Minuten mit ihr unterhalten. Als sie am Ende des Gesprächs wegging, lächelte sie und sagte zu sich selbst: „Er liebt mich!"

Am nächsten Tag, als sie in der Schule einen Korridor entlangging, bemerkte sie, dass er sich fröhlich mit einem anderen Mädchen unterhielt. Ihr Herz wurde schwer und sie dachte: „Er liebt mich nicht!"

Später in der Woche, als sie zu einer Unterrichtsstunde eilte, gingen sie aneinander vorbei und er sah ihr in die Augen und schenkte ihr ein langes, warmes Lächeln. „Ja!", sagte sie innerlich. „Er liebt mich!" Aber später am selben Tag gingen sie wieder aneinander vorbei und er schien sie völlig zu ignorieren. „Er liebt mich nicht", schlussfolgerte sie.

Am folgenden Wochenende saß sie mit einer Blume in der Hand auf dem Rasen hinter ihrem Haus. Sie begann, die Blütenblätter eines nach dem anderen auszureißen und sagte: „Er liebt mich; Er liebt mich nicht. Er liebt mich; Er liebt mich nicht ..." Das Schicksal ihrer ersten Liebe würde von diesem letzten Blütenblatt abhängen!

Viele Jahre lang lebte ich so in meiner Beziehung zu Gott. Die Bibelschule, die ich in Großbritannien besuchte, bot einen zweijährigen Studiengang an. Obwohl ich bankrott war, ging ich im Glauben hin, weil ich wusste, dass Gott mich in den Dienst berufen hatte. Wie durch ein Wunder habe ich die zwei Jahre überstanden und alle Gebühren bezahlt. „Er liebt mich!", schloss ich zuversichtlich.

Nach der Ausbildung wurden die meisten meiner Altersgenossen in etablierten Gemeinden mit einer vernünftigen Größe platziert. Als ich jedoch meine Berufung zum Dienst erhielt, wurde ich nach Schottland in eine Gemeinde mit nur sechs Leuten (wenn alle da waren) geschickt. Gelegentlich war auch nur eine Frau anwesend. Jedes Mal, wenn ich sagte: „Liebe Anwesende ...", wurde sie rot! In diesen Jahren dachte ich oft: „Er liebt mich nicht."

Als wir später nach Neuseeland zogen, schrieb ich mein erstes Buch und veröffentlichte es selbst. Das war ein großes Risiko für uns und hätte ein finanzielles Desaster werden können. Aber Gott sei Dank wurde es in diesem Land ein Bestseller. Ich war auf einem Höhenflug. „Er liebt mich!"

Dann waren wir wieder Pastoren einer kleinen Gemeinde und ich musste nebenbei noch einen anderen Job machen. Ich arbeitete für eine Telemarketing-Firma und wurde manchmal in den frühen Morgenstunden eingeteilt, um Anrufe für Tele-Commercial-Programme entgegenzunehmen. Eines der Produkte, die wir verkauften, war ein Push-up-BH. Ich erinnere mich genau daran, wie ich um 2:00 Uhr morgens, kaum wach, im Callcenter einen Anruf von einem perversen Mann entgegennahm und dachte (Du hast es erraten): „Gott liebt mich nicht!"

Ist Gottes Liebe wirklich so wankelmütig? Ist sie wirklich nur so gut wie unser letztes Blütenblatt? Traurigerweise brauchte ich viele Jahre, um davon überzeugt zu werden, wie tief, stark und beständig Gottes Liebe wirklich ist. Wie viele andere fuhr ich auf der Achterbahn der Ungewissheit und Unsicherheit und bewertete Gottes Liebe auf der Grundlage meiner täglichen oder momentanen Lebensumstände.

„Ich bin froh, dass du mein bist!"

Ein junges Mädchen namens Mary hasste es, zur Schule zu gehen. Sie hatte eine Lippen-Kiefer-Gaumenspalte und musste sich ständig Hänseleien und grausamen Spott von den anderen Kindern gefallen lassen.

Alles änderte sich, als Marys Klasse eines Tages eine neue Lehrerin bekam, Mrs Leonard. Alle anderen Lehrer liebten das Unterrichten; aber Mrs Leonard liebte Kinder. Sie liebte Mary und Mary wusste es.

Damals, in den 1950er-Jahren, mussten die Kinder in der Schule einen jährlichen Hörtest machen, und der wurde von der Lehrerin durchgeführt. Jedes Kind ging an der Lehrerin vorbei und sie flüsterte ihnen einen Satz ins Ohr, den sie wiederholen mussten, um zu beweisen, dass ihr Gehör normal war. Es konnte etwas Einfaches sein wie „Der Himmel ist blau" oder „Heute ist Dienstag". Oder es könnte eine Frage sein wie: „Was ist deine Lieblingsfarbe?" oder „Wie alt bist du?"

Als Mary an der Reihe war, getestet zu werden, flüsterte Frau Leonard ihr ins Ohr: „Ich wünschte, du wärst mein kleines Mädchen!" Mit diesem einen Satz wurde Marys Leben für immer verändert.

Wir alle wissen, dass Gott uns liebt. Wir sind vertraut mit den vielen Bibelstellen, die uns das sagen. Das Problem ist, dass wir es oft mit unserem Verstand wissen, aber in unserem Herzen nicht daran glauben. Aber es kommt ein Moment, in dem der Heilige Geist uns ins Ohr flüstert: „Ich bin froh, dass du mein bist!"

Können Sie es hören?

Wir können manchmal den Eindruck bekommen, dass Gott uns mehr geliebt hat, als wir noch Sünder waren, als Er es jetzt tut, wo wir Seine Kinder sind. Als wir Sünder waren, appellierte ein Evangelist „sanft und freundlich" an uns, so zu kommen, wie wir sind, weil Gott uns liebt und uns mit bedingungsloser Liebe annehmen wird.

Aber nachdem wir die Errettung empfangen hatten, hörten wir eine andere Botschaft, eine der bedingten Liebe. Die Botschaft besagt: „Du bist durch Gnade gerettet, aber wenn du gerettet und gesegnet bleiben willst, dann gibt es viele Dinge, die du tun musst."

Ist das so? Nein. Paulus sagt: „Denn wenn wir mit Gott versöhnt worden sind durch den Tod seines Sohnes, als wir noch Feinde waren, wie viel mehr werden wir als Versöhnte gerettet werden durch sein Leben!" (Röm. 5, 10).

Wenn Gott schon Sein Bestes, Seinen eigenen geliebten Sohn, für uns gab, als wir Seine Feinde waren und Ihm in Rebellion die Fäuste ins Gesicht schlugen, wie viel mehr liebt Er uns jetzt, da wir mit Ihm versöhnt sind? Wie viel mehr wird Er jetzt für uns tun, wo wir Seine eigenen kostbaren Kinder sind und in das Leben Christi mit hineingenommen sind?

Es gibt ein bekanntes Sprichwort, das besagt: „Ich fragte Jesus, wie sehr er mich liebt. Er streckte seine Arme am Kreuz aus und sagte: ‚So sehr!'" Und daran hat sich nichts geändert.

Heute flüstert Er Dir ins Ohr: „Ich bin froh, dass du mein bist!" Kannst Du es hören?

Christsein in Abhängigkeit von Christus

Eine Gruppe von Wissenschaftlern war überzeugt, dass sie in ihrem Wissen und ihren Fähigkeiten so weit fortgeschritten waren, dass Gott nicht mehr gebraucht wurde. Sie sagten zu Ihm: „Durch Klonen können wir sogar einen Menschen erschaffen. In der Tat fordern wir dich zu einem Wettbewerb im Menschenmachen heraus. Alles, was du tun kannst, können wir auch." Gott war einverstanden. Als einer der Wissenschaftler sich bückte und eine Handvoll Erde nahm, um mit seiner Arbeit zu beginnen, sagte Gott zu ihm: „Hey, leg das weg! Geh und hol dir deinen eigenen Klumpen Lehm!"

Ob es den Menschen gefällt oder nicht, so etwas wie völlige Unabhängigkeit von Gott gibt es nicht. Wir verdanken Ihm unsere Existenz und sind für unseren nächsten Atemzug auf Ihn angewiesen. Unser Leben ist durch die Abhängigkeit von Gott bestimmt. Das ist die Norm. Dennoch versuchen die Menschen, ihr Leben mehr und mehr losgelöst von Ihm zu leben.

Das Evangelium ist die Botschaft der Versöhnung mit Gott. Diejenigen, die an die gute Nachricht des Evangeliums glauben, werden in Seiner Gunst und in der Gemeinschaft mit Ihm wiederhergestellt. Dann ist das Hauptziel des christlichen Wirkens, Gläubige darin zu unterstützen und zu befähigen, ein von Christus abhängiges Leben zu führen.

Es gibt zwei Feinde des von Christus abhängigen Christseins: Unabhängigkeit und Co-Abhängigkeit.

1) Unabhängigkeit

Es gibt etwas sehr Einzigartiges am Menschen. Nur er hat Körper, Seele *und* Geist. Das Pflanzenreich hat einen Körper. Tiere haben Körper und Seele. Aber nur der Mensch hat einen Geist. Das liegt daran, dass wir geschaffen wurden, um von Gott bewohnt zu werden. Wenn Gott im Menschen wohnen würde, könnte Er Sein Leben durch den Menschen leben. Dann würde die Welt das moralische Abbild Gottes sehen; sie würde sehen, wie sich Gott im Menschen darstellt.

Aber als Adam sündigte, verließ Gott den menschlichen Geist und die Seele wurde in Finsternis getaucht. Das ursprüngliche Bild Gottes ging verloren und der Mensch endete mit dem Bild eines gefallenen, unabhängigen Adam. Dies wird in den folgenden zwei Versen betont:

- Zuerst die ursprüngliche Erschaffung des Menschen: *„Als Gott den Menschen schuf, machte er ihn nach dem Bilde Gottes.“* (1. Mo. 5, 1 – Hervorhebung durch den Autor).
- Dann, nachdem Adam gesündigt hatte, lesen wir: *„Und Adam war 130 Jahre alt und zeugte einen Sohn, ihm gleich und nach seinem Bilde ...“* (1. Mo. 5, 3 – Hervorhebung durch den Autor) Obwohl der Mensch ursprünglich nach dem Bilde Gottes geschaffen wurde, wird er nun nach dem Bild des gefallenen Adam geboren.

Die Bibel hat dafür einen Begriff, nämlich „Fleisch“. Fleisch bezieht sich auf den von Gott getrennten Menschen. Der Mensch „in Adam“ lebt unabhängig von Gott und vertraut auf sein eigenes Urteilsvermögen, seine Fähigkeiten und Ressourcen. Es heißt, dass das meistgewünschte Lied bei einer Beerdigung in Großbritannien „I did it my way“ ist.[8] Das bringt es auf den Punkt!

Diese Lebensform wird von Adam an uns weitergegeben. Jesus sagte: *„Was aus dem Fleisch geboren ist, das ist Fleisch, ...“* (Joh. 3, 6). Im nächsten Vers offenbarte Er die einzige Hoffnung der Menschheit: *„Ihr müsst von Neuem geboren werden.“*

---

8 Lied von Frank Sinatra; zu Deutsch: „Ich habe es auf meine Art gemacht.“ – Anm. d. Übers.

Wenn wir wiedergeboren sind, dann leben wir nicht mehr im Fleisch, sondern im Geist. Der Heilige Geist lebt durch die Wiedergeburt in unserem Geist und überträgt damit Christi Leben auf uns. Wir haben dann Zugang zu den göttlichen Ressourcen. Gottes Wesen kann wieder durch einen Menschen offenbar werden. Wir bezeichnen dies als die Frucht des Geistes.

Doch obwohl wir nicht mehr *im* Fleisch leben, können Christen immer noch *gemäß* dem Fleisch leben. Wir können uns immer noch dafür entscheiden, unabhängig von Gott zu leben und auf unsere eigenen Anstrengungen und Ressourcen zu vertrauen, um im Leben zu bestehen. Bevor wir zu Christus kamen, haben wir auf diese Weise zu überleben gelernt. Wir entwickelten einen Lebensstil der Selbstzufriedenheit. Wir lernten, uns mit unseren Stärken zu begnügen und auf sie zu vertrauen.

Aber das christliche Leben bedeutet, in Christus zu bleiben, d. h. darauf zu vertrauen, dass wir in Ihm bereits alles haben, was es für die Gesamtheit jeglicher Lebenssituationen braucht. Jesus sagte: *„... denn getrennt von mir könnt ihr nichts tun."* (Joh. 15, 5). Er ist der wahre Weinstock. Gott will nicht, dass wir irgendetwas anderes tun, als Reben zu sein. Eine Rebe bringt keine Früchte hervor, sondern sie trägt Früchte. Wir müssen nicht versuchen, Dinge zu bewirken. Während wir in Christus ruhen, spüren wir Sein Leben, das durch uns fließt. Daraus erwächst göttliche Frucht.

Unser Vater ist der Weingärtner. Er sorgt dafür, dass wir in Christus bleiben. *„Der uns aber samt euch auf Christus fest gründet und uns gesalbt hat, das ist Gott, ..."* (2. Kor. 1, 21 MNG).

Am besten kann Er das tun, wenn wir uns unserer Unzulänglichkeiten bewusst sind.

Was ist im Moment Deine Schwäche oder Dein Problem? Gibt es einen Bereich, in dem Du dich unzulänglich fühlst? Vielleicht erlebst Du in Deiner Ehe, Deiner Gesundheit, Deinen Finanzen, Deinem Job, Deinem christlichen Lebenswandel, Deinem Dienst usw. einen Mangel. Dein Vater ist der Weingärtner und wird Dich durch diese Dinge daran erinnern, in Christus zu bleiben. In Ihm genügst Du. Indem Du Ihm vertraust, wirst Du übernatürliche Gnade erfahren.

„... *den Demütigen aber gibt er Gnade.*" (Jakobus 4, 6; 1. Petr. 5, 5). Wenn wir sagen, dass wir nichts sind, ist das keine Demut, denn das sagt Gott nicht über uns. Es bedeutet vielmehr, zu sagen: „Ohne dich, Herr, kann ich nichts tun." Das ist Demut. Und Gott schenkt den Demütigen Gnade.

2) Co-Abhängigkeit

Statt dem Herrn zu vertrauen, können wir in Versuchung geraten, uns an anderen zu orientieren, wenn wir die Grenzen unserer Unabhängigkeit erkennen.

Traurigerweise betrachten manche die örtliche Gemeinde als ihre Lebensquelle. Sie gehen sogar von Kirche zu Kirche auf der Suche nach einer Gemeinde, die ihre Bedürfnisse erfüllen kann. Diese Konsumhaltung führt Menschen mitunter in starke Selbstzentriertheit.

In einer unter Christen durchgeführten Umfrage antworteten 84 % der Teilnehmenden auf die Frage: „Was ist der Zweck der Gemeinde?" mit: „Die Kirche existiert, um meine Bedürfnisse und die meiner Familie zu erfüllen." Nur 16 % erklärten, die Aufgabe der Kirche sei es, das Evangelium von Jesus Christus in eine sterbende Welt zu bringen.

Wie kommt es, dass Menschen sich auf diejenigen verlassen, die Gott abbilden, aber nicht auf Gott selbst? Geistliche Dienste sind dazu da, für andere ein *Übermittler* der Gnade Gottes zu sein, und nicht ihre *Lebensquelle*.

Die co-abhängige Person wird gelehrt, auf Menschen und Dienste zu schauen, anstatt ihre Augen auf Jesus zu richten. Geistliche Co-Abhängigkeit macht diejenigen unfähig, die Christus befähigen möchte.

Liebe/-r Freund/-in, Du kannst Dich über Deine Abhängigkeit von Gott freuen. Das ist die Art und Weise, wie Er Dich geschaffen hat. Wahrhaftig christliche Dienste zielen darauf ab, andere vom Weg der Unabhängigkeit oder Co-Abhängigkeit auf den Weg zur Christusabhängigkeit zu führen. Dies ist der Maßstab für Erfolg im christlichen Dienst.

Unverhüllte Gesichter

In einem meiner **Radical Grace**-Seminare (Radikale Gnade-Seminare) lehrte ich darüber, was es bedeutet, in der Herrlichkeit des Neuen Bundes zu leben. Daraufhin fragte mich jemand: „Was ist mit dem Alten Testament? Sollen wir das Alte Testament nicht mehr lesen?"

Das ist eine gute Frage. Zunächst einmal sollten wir uns darüber im Klaren sein, dass wir in der Zeit des Neuen Bundes leben. Der Alte Bund ist vergangen und veraltet. Leider versuchen einige Christen immer noch, ihre Beziehung zu Gott auf der Grundlage eines Bundes zu gestalten, der nicht mehr existiert. Und andere versuchen, Bündnisse zu vermischen oder haben jeweils ein Standbein in beiden. Wenn wir uns unter den Alten Bund stellen, werden wir einen ständigen Kampf in unserem christlichen Leben erleben.

Unter dem Alten Bund gab Gott ein Gesetz und versprach, Israel zu segnen, solange sie die Gebote befolgten. Dieser Bund war an Bedingungen geknüpft und deswegen ist er gescheitert. Nun ist er null und nichtig.

Der Neue Bund wurde zwischen dem Vater und dem Sohn geschlossen. Jesus hat ihn in seiner Gesamtheit erfüllt, und weil wir in Christus sind, ernten wir jetzt den Segen Seines Gehorsams. Das ist Gnade.

Unsere Antwort auf die Gnade ist der Glaube. Wir glauben an Sein vollendetes Werk und in Ihm sind wir würdig, jeglichen Segen zu empfangen. Gott möchte, dass wir in dieser Weise leben.

Die darüber hinausragende Herrlichkeit des Neuen Bundes

Der Alte Bund hatte Herrlichkeit. Das wurde deutlich, als Mose das Gesetz empfing. Sein Gesicht leuchtete so hell, dass er eine Decke darauf legen musste, um es zu verhüllen.

Das steht für die Herrlichkeit des Alten Bundes. Seine Herrlichkeit besteht darin, dass er uns die Erkenntnis von Gottes Heiligkeit und unserer Sündhaftigkeit brachte. Durch das Gesetz wurden sich die Menschen bewusst, dass sie einen Erlöser brauchen.

Die Herrlichkeit des Neuen Bundes übertrifft sogar noch die des Alten Bundes. Er bringt eine noch vollständigere Offenbarung von Gottes Charakter. *„Denn das Gesetz ist durch Mose gegeben worden, aber die Gnade und die Wahrheit sind durch Jesus Christus geworden."* (Joh. 1, 17 MNG).

Der Alte Bund diente der Verurteilung. Wenn das Antlitz des Mose beim Empfangen dieses Bundes schon so hell leuchtete, dass die Menschen es nicht ansehen konnten, wie viel herrlicher wird dann der Neue Bund sein, der die Gerechtigkeit bringt? Wenn schon dieser Bund herrlich war, der den Tod brachte, wie viel herrlicher ist dann der, der Gerechtigkeit und Leben bringt?

Was ist mit dem Alten Testament?

Aber das bringt uns zurück zu der Frage nach dem Stellenwert, den das Alte Testament im Leben eines Christen einnimmt.

Zunächst müssen wir verstehen, dass das Alte Testament die einzige Bibel ist, die die frühen Christen hatten. Und dennoch lehrten sie Christus aus diesen Schriften. Lies die Predigten in der Apostelgeschichte, die vor allem den Juden gepredigt wurden. Du wirst entdecken, dass sie alle das Alte Testament zitieren, und sie handelten alle von Jesus. Das ist der Schlüssel.

Die Pharisäer kannten das Alte Testament besser als jeder andere. Das Problem ist, dass sie zwar den Inhalt genau kannten, aber nicht seine Bedeutung. Jesus sagte zu ihnen: „*Ihr erforscht die Schriften, weil ihr meint, in ihnen das ewige Leben zu haben; und sie sind es, die von mir Zeugnis geben. Und doch wollt ihr nicht zu mir kommen, um das Leben zu empfangen.*" (Joh. 5, 39–40). All ihr Bibelwissen brachte sie nicht zu Jesus. Sie lehnten Ihn ab und kreuzigten Ihn schließlich.

In Christus ist die Decke weggenommen

In 2. Korinther 3 stellt Paulus die beiden Bündnisse einander gegenüber und weist darauf hin, dass eine Decke über dem Verstand der Juden lag und immer noch liegt, wenn sie das Alte Testament lesen. Die Decke wird erst dann weggenommen, wenn sie erkennen, dass Christus die zentrale Botschaft der gesamten Heiligen Schrift ist. Das meinte Paulus, als er sagte: „*Indessen ihr geistliches Denken ist verhärtet worden; denn bis auf den heutigen Tag ist dieselbe Decke immer noch da, wenn die Schriften des alten Bundes vorgelesen werden, und wird nicht abgetan, weil sie nur in Christus weggenommen wird. Ja, bis heute liegt, sooft Mose vorgelesen wird, eine Decke über ihrem Herzen. Sobald Israel sich aber zum Herrn bekehrt, wird die Decke weggezogen*" (2. Kor. 3, 14–16 MNG – Hervorhebung durch den Autor).

Das gilt auch für das Neue Testament. Solange wir nicht sehen, dass Christus das Hauptthema ist, liegt ein Schleier über unserem Verstand.

Kennst Du jemanden, der dazu neigt, gesetzlich zu sein?

Höchstwahrscheinlich lesen diese Menschen die Bibel mit einem Schleier über ihren Augen. Ihr Verstand ist blind für die wahre Bedeutung von Gottes Wort. Aber sobald man sich dem Herrn zuwendet und erkennt, dass Gottes Botschaft das vollendete Werk Jesu ist, wird der Schleier weggenommen. Das Leben im Alten Bund ist wie Autofahren im Dunkeln mit angeschalteten Scheinwerfern. Aber das Leben im Neuen Bund ist wie Autofahren am Tag; wir brauchen unsere Scheinwerfer nicht mehr, weil wir im Licht der Sonne alle Dinge klar erkennen.

Liebe/-r Freund/-in, hör nicht auf, das Alte Testament zu lesen. Bitte den Heiligen Geist, Dir Jesus zu offenbaren, während Du es liest. Es geht nur um Ihn. Die auf Mose liegende Herrlichkeit wurde schwächer und schwächer, bis sie ganz verschwand. Das ist die Herrlichkeit des Alten Bundes; eine verblassende Herrlichkeit. Aber Gott verspricht das Gegenteil für Dich und mich unter dem Neuen Bund. *„Wir alle aber, indem wir mit unverhülltem Angesicht die Herrlichkeit des Herrn anschauen wie in einem Spiegel, werden verwandelt in dasselbe Bild von Herrlichkeit zu Herrlichkeit, nämlich vom Geist des Herrn."* (2. Kor. 3, 18).

Vielfältige Gnade

Du bist einzigartig. Und Du bist etwas Besonderes. In einer Welt mit über acht Milliarden Menschen mag es schwierig sein, das zu glauben. Aber es ist wahr. Gott hat Dich als Individuum geschaffen. Du bist vielleicht ungeplant gewesen, aber Du bist kein Betriebsunfall! Du magst sogar unehelich geboren sein, aber es ist nichts Zufälliges an Dir.

Kein menschliches Wesen ist ein zufälliges Ereignis. Mitunter können wir das menschliche Leben nur als das Ergebnis biologischer Abläufe betrachten; aber die Bibel lehrt uns etwas anderes.

Jeder Mensch hat einen menschlichen Geist, den nur Gott verleihen kann. In Sacharja 12, 1 lesen wir zum Beispiel: *„Es spricht der HERR, der den Himmel ausspannt und die Erde gründet und den Geist des Menschen in seinem Inneren bildet: …"* Und in Prediger 12, 7 sagt Salomo: *„… und der Staub wieder zur Erde zurückkehrt, wie er gewesen ist, und der Geist zurückkehrt zu Gott, der ihn gegeben hat."* Ohne Gottes Beteiligung hättest Du keine Existenz. Du verdankst Dein Dasein „dem Vater der Geister" (Heb. 12, 9).

Außerdem wurdest Du nicht in Massenproduktion hergestellt. So wie keine zwei Schneeflocken oder Grashalme gleich sind, so gibt es auch keine zwei identischen Menschen. Gott macht keine Kopien.

Eine einzigartige neue Schöpfungsidentität

Wie es in der Schöpfung ist, so ist es auch in der neuen Schöpfung. Jeder von uns besitzt seine eigene individuelle Identität als neue Schöpfung. Obwohl alle Gläubigen in Christus sind, haben wir doch alle eine Einzigartigkeit, die unsere Individualität unterstreicht.

Petrus spricht von unserer besonderen, einzigartigen Funktion im Leib Christi, weil die Gnade Gottes auf jedem von uns in unterschiedlicher Weise ruht. Er drückt es so aus: *„Dient einander, jeder mit der Gnadengabe, die er empfangen hat, als gute Haushalter der mannigfaltigen Gnade Gottes: ...“* (1. Pt. 4, 10).

Das Wort „mannigfaltig" bedeutet vielseitig oder facettenreich. Die Gemeinde ist wie ein Diamant in Gottes Hand. Und jeder von uns ist wie die geschliffenen Facetten dieses Edelsteins, der die kaleidoskopartige Fülle Christi in ganz unterschiedlicher Weise widerspiegelt. Die Kirche wird in ihrer ganzen atemberaubenden Brillanz und Vielfalt funkeln und glänzen, wenn wir mithilfe des Heiligen Geistes zulassen, dass unsere Einzigartigkeit zum Ausdruck kommt.

Es gibt nichts, was den vielgestaltigen Charakter der Gnade Gottes so erstickt wie der Druck der Uniformität. Wir sind keine Massenware, die wie Würstchen am Fließband produziert werden. Jeder von uns ist individuell von Gott handgefertigt. Jemand sagte einmal: „Als Gott John Wesley erschaffen hatte, zerstörte er hinterher die Schablone!"

Sekten und Kontrollfreaks beharren auf Gleichheit. Sie verstehen nicht, dass wir vielfältig sein können, ohne spaltend zu sein. Deshalb zerstören sie Individualität und Kreativität. Aber wo der Geist des Herrn ist, da ist Freiheit, der wahre Ausdruck dessen, zu sein, wozu Gott uns gemacht hat (s. 2. Kor. 3, 17).

Liebe/-r Freund/-in, sei kein Echo von jemand anderem; sei eine Stimme. Sei kein Klon; sei ein Original. Lass Dir nicht vorgaukeln, dass „eine Einheitsgröße für alle passt" („one size fits all ..."). Sei die einzigartige, besondere Facette von Gottes Juwel, die Du bist.

Über Gott urteilen

Die allererste Versuchung bestand darin, die verbotene Frucht vom Baum der Erkenntnis von Gut und Böse zu essen. Es mag seltsam erscheinen, dass Gott Adam und Eva verbot, von diesem Baum zu essen.

Wir könnten denken: „Die Erkenntnis von Gut und Böse ist doch sicher nützlich."

Als Antwort darauf wollen wir mit der Frage beginnen: „Woher weiß Gott, was gut und böse ist?" Nur Gott ist wirklich gut. Also ist alles gut, was mit Ihm übereinstimmt und alles böse, was nicht mit Ihm übereinstimmt.

Der Mensch war dazu bestimmt, Gut und Böse zu erkennen, indem er zu Gott kam und alles in Relation zu Ihm betrachtete. Aber wenn er vom Baum der Erkenntnis von Gut und Böse äße, würde er sich unabhängig von Gott ein Urteil darüber bilden, was moralisch gut und was böse ist.

Und genau das ist geschehen. Der Sündenfall hat zu Milliarden kleiner Götter geführt, die eine Meinung zu so ziemlich allem und jedem haben, das sie kennen. Und wir denken, dass wir die meiste Zeit richtig liegen, wenn nicht sogar die ganze!

Von dem Baum der Erkenntnis von Gut und Böse zu essen, ist also vor allem kennzeichnend für das Urteilen.

Das erste Urteil, zu dem die Schlange Eva überredete, war eines über Gott. Die umschreibende Version dessen, was sie zu ihr sagte, lautet in etwa so: „Hat Gott wirklich gesagt, dass du sterben wirst, wenn du vom Baum der Erkenntnis von Gut und Böse isst? Du wirst nicht sterben! Gott will nicht, dass du von diesem Baum isst, weil du dann so wirst wie er. Du wirst wissen, was richtig und was falsch ist. Du wirst in der Lage sein, Entscheidungen zu treffen. Du wirst ihn nicht mehr brauchen.

Siehst du, was Gott tut? Er verheimlicht dir etwas, das gut für dich ist. Er hat nicht dein Bestes im Sinn."

Die Ursünde begann damit, eine Lüge über den Charakter und die Natur Gottes zu verbreiten. Der Ankläger versuchte, das Vertrauen des Menschen in Gott durch diese Lüge zu vernichten, zu stehlen und zu zerstören – „Gott ist nicht gut!" Sobald der Same des Zweifels in den Menschen gepflanzt wäre, würde er Gott nicht mehr vertrauen.

Woher kommt Dein Bild von Gott?

Wenn unsere Vorstellung von Gott verdreht ist, werden wir Ihm nicht mehr vertrauen. Wie können wir jemandem vertrauen, wenn wir glauben, dass er uns nicht wirklich liebt?

A. W. Tozer sagte: „Was du über Gott glaubst, ist für dich das Entscheidende." In Psalm 115, 1–8 erklärt der Psalmist, warum das so ist. Er sagt, dass wir so werden wie der Gott, den wir anbeten.

Aus diesem Grund haben viele Christen große Schwierigkeiten, mit Gott in Beziehung zu treten. Sie glauben an ein verzerrtes Bild von Ihm, und ihr Leben ist davon geprägt. Zum Beispiel:

- Wenn Du in einer streng religiösen Gemeinschaft oder Umgebung aufgewachsen bist, wirst Du wahrscheinlich an einen Gott glauben, der Dich zwingt, Dinge gegen Deinen Willen zu glauben und zu tun.
- Wenn Du einen zornigen Vater hattest oder unter dem Einfluss eines zornigen, angstmachenden Predigers gestanden hast, wirst Du höchstwahrscheinlich an einen zornigen, angstmachenden Gott glauben.
- Wenn Du von „schrägen" Christen umgeben warst, wirst Du an eine bizarre Art von Gott glauben, der seltsame Dinge tut.

Satan hat sein Bestes getan, Dir falsche Botschaften über Gott zu senden, damit Du am Ende ein falsches Gottesbild im Kopf hast.

Jesus ist das wahre und vollkommene Abbild Gottes

Gott hat dem Menschen verboten, sich ein Bild von Ihm zu machen, weil jedes Bild, das er erschaffen würde, falsch wäre; es wäre eine falsche Darstellung von Gott.

Jesus kam und offenbarte uns die Wahrheit über Gott. *„Er ist das Ebenbild des unsichtbaren Gottes."* (Kol. 1, 15). Gott hat sich uns in vollkommener Weise durch Seinen Sohn gezeigt, der *„der Abglanz der Herrlichkeit Gottes"* ist (Hebr. 1, 3).

Das Wort „Herrlichkeit" bezieht sich auf die Gesamtsumme der Eigenschaften Gottes. Jesus enthüllte die Eigenschaften des Vaters in perfekter Verhältnismäßigkeit und Ausgewogenheit. Johannes sagt: *„Und das Wort wurde Fleisch und wohnte unter uns; und wir sahen seine Herrlichkeit, eine Herrlichkeit als des Eingeborenen vom Vater, voller Gnade und Wahrheit ... Niemand hat Gott je gesehen; der eingeborene Sohn, der im Schoß des Vaters ist, der hat Aufschluss (über ihn) gegeben."* (Joh. 1, 14+18).

Wenn Du das Leben Jesu in Seiner vollen Schönheit in den Evangelien anschaust, wird jedes falsche Bild, das Du von Gott hast, anfangen zu bröckeln. Ein Beispiel:

• Wenn Du denkst, Gott sei hart gegenüber denen, die mit Unglauben zu kämpfen haben, dann schau Dir einfach an, wie Jesus mit Thomas umgegangen ist (s. Joh. 20, 24–28), und Du wirst umdenken. (Wenn nur die Verantwortlichen für die spanische Inquisition das verstanden hätten!)

• Wenn Du glaubst, dass Gott zornig auf Abtrünnige ist, lies noch einmal Jesu Gleichnis vom verlorenen Sohn (s. Luk. 15, 11–32), und Du wirst wahrscheinlich Deine Meinung ändern.

- Wenn Du Dir Ihn als streng gegenüber denen vorstellst, die versagen, dann schau Dir an, wie Jesus mit Petrus umging, nachdem er Christus verleugnet hatte (s. Joh. 21, 15–17), oder wie Er einer Frau diente, die in ihre sechste Ehe ging (s. Joh. 4, 7–29).
- Wenn es Dir schwerfällt, zu glauben, dass Gott sich wirklich um Deine persönlichen Probleme kümmert, dann lies, wie Jesus ein in Verlegenheit geratenes Brautpaar rettete, indem Er Wasser in Wein verwandelte (s. Joh. 2, 1–10) und wie Er ein Wunder vollbrachte, um die Steuerrechnung des Petrus zu bezahlen (s. Mt. 17, 24–27) usw.

Jedes Mal, wenn Du diese Dinge liest, dann denke daran, dass dies Dein Gott ist!

Es ist nicht allein damit getan, *dass* wir an Gott glauben. Den entscheidenden Einfluss auf unser Leben hat, *was* wir über Ihn glauben. Der Schreiber des Hebräerbriefes sagt: *„… denn wer zu Gott kommt, muss glauben, dass er ist und dass er die belohnen wird, welche ihn suchen."* (Heb. 11, 6).

Jesus stellt in vollkommener Weise die Herrlichkeit des Vaters dar. Jesus zu sehen bedeutet, den Vater zu sehen. Alle anderen Darstellungen Gottes müssen sich an der wahren Offenbarung Seiner selbst messen lassen, die uns Jesus vermittelt. Jedes diesem widersprechende Bild ist falsch und muss beseitigt werden.

Deshalb ist es wichtig, die Evangelien zu lesen. Die neutestamentlichen Briefe helfen uns, das christliche Leben zu verstehen; aber die Evangelien zeigen uns Gott in Gestalt eines menschlichen Wesens.

Hast Du Deine Vorstellung von Gott aus fehlerhaften Quellen bekommen? Vielleicht ist es für Dich an der Zeit, einige Götzenbilder zu vernichten!

Sein Joch ist sanft

Vielbeschäftigte Menschen haben meist noch genügend Zeit, uns mitzuteilen, wie beschäftigt sie sind. Ist Dir das schon einmal aufgefallen? Wir tragen Stress wie ein Ehrenabzeichen. Je beschäftigter wir sind, desto wichtiger fühlen wir uns.

So oft hört man Menschen sagen, dass sie „gestresst" sind. Stress gehört zum Leben dazu. Jedes Leben beinhaltet etwas Stress. Die einzige stressfreie Zone ist das Grab. Stress ist einfach die Reaktion unseres Körpers auf jede Anforderung, die wir an ihn stellen. In diesem Sinne ist Stress unvermeidlich.

Nicht jeder Stress ist schlecht. In der Tat ist ein gewisses Maß an Stress für Erneuerung und Wachstum notwendig. Außerdem arbeiten viele von uns unter Stress besser. Die Effizienz steigt oft mit zunehmendem Stress.

Anhaltender Stress schadet uns. Das ist problematisch. Adrenalin bereitet den Körper einerseits auf eine Aktivität vor, andererseits ist es aber auch ein Gift und kann zu Krankheiten, Schlaflosigkeit, Bluthochdruck und sogar vorzeitiger Alterung führen. In diesem Fall wird Stress zu Dysstress. In der Bibel wird „Stress" nicht erwähnt, wohl aber „Bedrängnis".

Eine weit verbreitete Theorie besagt, dass Stress aufgrund unseres unglaublichen Lebensstils, der modernen Technologie usw. fast ausschließlich auf die gegenwärtige Zeit beschränkt ist.

Aber Stress ist keine Besonderheit dieser Generation. Schon zu Seiner Zeit forderte Jesus Seine Jünger auf, sich keine Sorgen zu machen. Dann formulierte Er diese schöne Einladung: *„Kommt her zu mir alle, die ihr niedergedrückt und belastet seid: Ich will euch Ruhe schaffen! Nehmt mein Joch auf euch und lernt von mir; denn ich bin sanftmütig und von Herzen demütig: So werdet ihr Ruhe finden für eure Seelen; denn mein Joch ist sanft, und meine Last ist leicht."* (Mt. 11, 28–30 MNG).

Was meinte Jesus damit, dass Sein Joch *sanft* und Seine Last *leicht* ist?

Das Joch – die Last abgeben

Ein Joch macht die Last eines Tieres leichter, indem es die Verteilung des Gewichts ermöglicht. Ein Jungtier wird vielleicht an einen Ochsen gejocht, um trainiert zu werden, aber in Wirklichkeit trägt der Ochse die Last.

In ähnlicher Weise ist das Joch Christi sanft. Das Wort „sanft" ist eine Übersetzung des griechischen Wortes „chrestos", das eigentlich „leicht, brauchbar, gut und angenehm" bedeutet. Das Joch Christi ist maßgeschneidert für unser Leben. Das ist der entscheidende Punkt. Wir sind dazu bestimmt, ein von Christus abhängiges Leben zu führen. Dabei lernen wir, die Last an Ihn abzugeben, so wie ein junger Ochse an einen älteren Ochsen.

Um uns das zu verdeutlichen, ermutigte Jesus uns, Sein Leben zu beobachten. Er sagte: „Lernt von mir."

Wie hat Jesus gelebt? Bei zahlreichen Gelegenheiten erlebte Er enormen Stress; aber niemals war der Stress größer als unmittelbar vor dem Kreuz. Wie hat Er das bewältigt?

Jesus war mit Seinem Vater verbunden und ruhte in Ihm. Dies sehen wir zum Beispiel in folgenden Situationen:

- Am Vorabend Seiner Kreuzigung sagte Er: „*Jetzt ist meine Seele erschüttert. Was soll ich sagen: Vater, rette mich aus dieser Stunde! Doch darum bin ich in diese Stunde gekommen. Vater, verherrliche deinen Namen!*" (Joh. 12, 27–28a).
- Später sagte Er zu den Jüngern: „*Siehe, es kommt die Stunde, und sie ist jetzt schon da, wo ihr euch zerstreuen werdet, jeder in das seine, und mich allein lasst; aber ich bin nicht allein, denn der Vater ist bei mir.*" (Joh. 16, 32).
- In Gethsemane war der Stress für Ihn so groß, dass Er Blut schwitzte. Wir lesen auch hier, dass Er dies nur ertragen

konnte, weil Er zu Seinem Vater gebetet hatte. Und der Vater sandte Ihm als Antwort einen Engel, der Ihn stärkte. So wie Jesus die Last Seinem Vater übergab, so sollen wir alle unsere Sorgen auf Ihn werfen. Dadurch werden auch wir in schweren Zeiten Gnade empfangen.

Die Belastung – die Last prüfen

Die Last Christi ist leicht. Wenn wir gestresst sind aufgrund der Last, die wir tragen, dann sollten wir uns fragen: „Wessen Last trage ich?"

Manchmal tragen wir eine Last, die uns von anderen auferlegt wurde. Wir müssen lernen, „Nein" zu den Lasten zu sagen, die andere uns aufbürden wollen. Wenn wir versuchen, allen zu dienen, werden wir denen nicht dienen können, die Gott für uns vorgesehen hat.

Und manchmal laden wir uns auch selbst Lasten auf. Diese Lasten sind z. B. selbstgesteckte Ziele. Meist sind diese unrealistisch, weil ihre Erfüllung von Bedingungen und Menschen abhängt, die sich außerhalb unserer Kontrolle befinden.

Wenn wir so leben, kann es passieren, dass wir zur Erfüllung unserer selbstgesteckten Ziele andere Menschen manipulieren oder kontrollieren. Wenn diese sich dann nicht an unsere Pläne halten und unsere Ziele blockieren, macht uns das wütend oder wir werden unglücklich.

Ich habe einmal an einer Gemeindewachstumskonferenz teilgenommen, auf der Pastoren dazu aufgefordert wurden, sich numerische Wachstumsziele für ihre Gemeinden zu setzen. Das bedeutete zum Beispiel, zu glauben, dass meine Ortsgemeinde im nächsten Jahr um – sagen wir – 10 % wachsen würde.

Ich setzte mir Ziele für unsere Gemeinde und hatte eine Grafik an der Wand, um das Wachstum zu verfolgen. Wenn die Kurve nach oben ging, war ich begeistert. Aber wenn sie durch niedrige Besucherzahlen nach unten ging, war ich deprimiert.

Ich war also verantwortlich für Dinge, für die Gott mir nie die Verantwortung übertragen hatte. Das Problem war, dass ich dadurch die Kontrolle über mein Leben verlor. Es stand nicht in meiner Macht, ob Menschen die Gemeinde besuchen würden oder nicht. Einige konnten vielleicht aufgrund von Krankheit, Urlaub, Besuch usw. nicht kommen. Ich hatte keinerlei Möglichkeit, diese Umstände zu beeinflussen. Doch indem ich mir Wachstumsziele gesetzt hatte, die auf der Anzahl der Besucher basierten, übernahm ich die Verantwortung für Dinge, die Gott nie von mir verlangt hatte. Ich trug nicht Seine, sondern eine mir selbst auferlegte Last.

Später entdeckte ich, dass Christus für das Wachstum der Gemeinde verantwortlich ist. Er sagte: *„Ich werde meine Gemeinde bauen."* (Mt. 16, 18). Er hat mich nie dazu aufgefordert.

Stattdessen hat Er mich berufen, zu predigen, zu lehren, zu beten, zu beraten, zu leiten und diejenigen zu Jüngern zu machen, die Er zu mir bringt. Das sind Dinge, die ich dank Seiner Gnade tun kann. Niemand und nichts kann Gottes Ziele für mein Leben aufhalten, außer mir selbst.

Wenn wir unsere Ziele durch die Dinge ersetzen, zu denen Gott uns berufen hat, wird der Stress handhabbar. Liebe/-r Freund/-in, fühlst Du Dich manchmal gestresst? Mache Dir zunächst klar, dass Gott Dich zu einem Leben berufen hat, in dem Du unter einem gemeinsamen Joch mit Seinem Sohn bist. Lerne, die Last an Ihn abzugeben. Hör auf damit, für Ihn leben zu wollen und lass stattdessen Ihn durch Dich leben.

Prüfe dann, ob Deine Last selbst auferlegt ist oder Dir von anderen auferlegt wurde.

Denke daran: Sein Joch ist sanft und Seine Last ist leicht.

Wie motivieren Gnadenleiter?

Ob Leiter in der Gnade wandeln, kannst Du immer an der Art erkennen, wie sie ihre Leute führen. Diejenigen, die Gnade nicht verstehen, motivieren ihre Leute durch die Anwendung von Taktiken wie Schuldmanipulation und Einschüchterung. Zum Beispiel:

- „Wenn du den Zehnten nicht gibst, wirst du verflucht sein!"
- „Ich würde es schrecklich finden, zu Hause vor dem Fernseher zu sitzen, wenn Jesus wiederkommt, während ich stattdessen in der Gemeinde sein und ihn anbeten könnte."
- „Wenn du kein heiliges Leben führst, kommst du nicht in den Himmel."
- „Gott hat mir gesagt, dass du keinen geistlichen Schutz mehr hast, wenn du diese Gemeinde verlässt. Der Teufel wird dann Zugriff auf dein Leben, deine Gesundheit, deine Familie und deine Finanzen haben."

Das mögen extreme Beispiele sein. Dennoch ist für Leiter der Griff zu manipulativen Mitteln nicht ungewöhnlich, um ihre Leute unter Kontrolle zu bringen. Vermutlich trauen sie dem Heiligen Geist im Grunde genommen einfach nicht zu, in den Herzen der Menschen zu wirken.

Wie leiten wir, ohne zu kontrollieren?

Aber das lässt uns immer noch mit der Frage zurück: „Wie sollen wir Leiter diejenigen motivieren, die uns anvertraut sind? Wie inspirieren wir Christen, ein Gott wohlgefälliges Leben zu führen, zu dienen, zu beten, zu geben, ihren Glauben weiterzugeben usw.?" Die Aufgabe der Leiterschaft ist schließlich Leitung, nicht wahr?

Vor einigen Jahren entdeckte ich diesbezüglich einen entscheidenden Hinweis beim Vergleichen zweier scheinbar ähnlicher Schriftstellen – einer aus dem Alten und einer aus dem Neuen Testament.

Zunächst sagte Gott im Alten Testament unter dem System des Gesetzes zu Israel: *„Wenn ihr nun wirklich meiner Stimme Gehör schenken und gehorchen werdet und meinen Bund bewahrt, so sollt ihr vor allen Völkern mein besonderes Eigentum sein; denn die ganze Erde gehört mir, ihr aber sollt mir ein Königreich von Priestern und ein heiliges Volk sein!"* (2. Mo. 19, 5+6a).

Unter dem System der Gnade im Neuen Testament sagte Petrus dann zu den Gläubigen: *„Ihr aber seid ein auserwähltes Geschlecht, ein königliches Priestertum, ein heiliges Volk, ein Volk des Eigentums ..."* (1. Petr. 2, 9a).

Unter dem Gesetz war Leistung der Weg zur Gnade. Die Formel lautete: „Wenn du ..., dann werde ich ...". Unter der Gnade wird uns unsere Stellung geschenkt. Die Formel der Gnade lautet: „Du bist ..., deshalb ...". Aus dieser Identität heraus entspringt dann das entsprechende Handeln.

Je mehr ich die Briefe des Neuen Testaments erforschte, desto mehr entdeckte ich diesen Grundsatz als das Motivationsprinzip des Neuen Bundes. Die Apostel lehrten die Gläubigen zuerst, wer sie waren. Dann forderten sie sie dazu auf, diese Menschen zu sein, d. h. in der Kraft ihrer neuen Schöpfungsidentität zu leben. Auf diese Weise motivierten sie sie.

Hier sind ein paar Beispiele, in denen die auf der fleischlichen Grundlage beruhende Manipulation der auf der Gnade beruhenden Motivation gegenübergestellt wird:

<u>Fleischliche Manipulation sagt:</u> „Wenn du weiter in Sünde lebst, kommst du nicht in den Himmel."

<u>Motivation aus Gnade sagt:</u> „Du bist gerecht; deshalb setze die Glieder deines Leibes als Werkzeuge der Gerechtigkeit ein." (s. Röm. 6, 13).

Fleischliche Manipulation sagt: „Wenn du anderen nicht vergibst, wird Gott dir auch nicht vergeben." Die Leute zitieren Jesu Worte in Matthäus 6, 14 und 15; aber denke daran, dass Er dies in der Zeit vor dem Kreuz unter dem Alten Bund gesagt hat.
Motivation aus Gnade sagt: „Dir ist vergeben; nun vergib anderen." Paulus lehrte dies unter dem Neuen Bund in Eph. 4, 32. Wenn Du möchtest, dass jemand einer anderen Person vergibt, erkläre ihr zuerst einmal klar und deutlich, dass ihr alle Sünden vergeben sind und es keine Verdammnis mehr gibt. Wenn jemand eine Offenbarung seiner vollständigen Vergebung empfängt, wird es ihm leicht fallen, anderen zu vergeben.

Fleischliche Manipulation sagt: „Wir sollten für andere beten. Samuel sagte, er würde sich gegen Gott versündigen, wenn er nicht für das Volk beten würde." (s. 1. Sam. 12, 23).
Motivation aus Gnade sagt: „Ihr seid eine heilige Priesterschaft. Bringt deshalb Gott geistliche Opfer dar. Bringt andere im Gebet zu Gott. Das ist es, was Priester tun." (s. 1. Petr. 2, 5).

Fleischliche Manipulation sagt: „Wenn wir unsere Feinde lieben und Gutes tun, dann werden wir Söhne Gottes sein." Auch dies ist ein Zitat der Worte Jesu vor dem Kreuz und dem Neuen Bund in Lukas 6, 35.
Motivation aus Gnade sagt: „Ihr seid Söhne Gottes; darum lebt nicht in Furcht vor Gott, sondern tretet mit Freimut und Zuversicht vor Ihn, als seine geliebten Kinder." (s. Gal. 3, 26; Röm. 8, 15).

Fleischliche Manipulation sagt: „Du musst den Sieg erringen."
Motivation aus Gnade sagt: „Ihr seid Könige; deshalb regiert im Leben. Das ist es, was Könige tun!"

Fleischliche Manipulation sagt: „Wir müssen die Werke der Finsternis bekämpfen."
Motivation aus Gnade sagt: „Ihr seid das Licht der Welt. Versucht nicht, die Finsternis zu bekämpfen; lasst einfach euer Licht leuchten!" (s. Matt. 5, 14–16).

Sei, wer Du bist

Wann immer wir Menschen dazu ermahnen, sich auf eine bestimmte Art und Weise zu verhalten, ohne ihnen zuerst beizubringen, wer sie in Christus sind, werden wir gesetzlich daherkommen. Unter der Gnade haben wir einen neuen Weg, Gottes Leute zu motivieren. Hilf ihnen, das Wunder und die Herrlichkeit ihrer neuen Schöpfungsidentität zu entdecken und dann ermutige sie, in Übereinstimmung mit ihrer neuen Stellung in Christus zu leben.

Du wirst sehen, dass Paulus mehrere seiner Briefe so aufgebaut hat, z. B. Römer, Epheser und Kolosser. Zuerst hat er seinen Lesern ihre Position in Christus verdeutlicht und dann hat er sie dazu ermutigt, zu werden, wer sie sind.

Unser Gehirn steuert unser Leben in Richtung der Vorstellung, die wir von uns selbst haben. Wenn wir Menschen ihre neue Identität in Christus zeigen, richten wir sie auf. Und ihr Verhalten wird sich sehr bald der Art und Weise anpassen, wie sie sich selbst dann sehen.

Jüngerschaft auf dem Boden der Gnade

Es war in den frühen Morgenstunden. Ich war auf dem Heimflug von Indonesien nach Australien. Nach mehreren Stunden hatte ich genug vom Lesen. Ich schloss mein Buch und dachte aus irgendeinem Grund über meine 38 Jahre im pastoralen Dienst nach.

Dabei kam ich zu einer überwältigenden Überzeugung: Eines der wichtigsten Dinge im Dienst ist, Menschen zu Jüngern zu machen. Eine der wichtigsten Fragen, die sich Leiter stellen sollten, ist nicht: „Wie viele Menschen folgen uns?", sondern: „Wie viele von denen, die uns folgen, werden zu Jüngern Jesu?"

Ganz offensichtlich übte Jesus Seinen Dienst nicht nur in dieser Art und Weise aus, sondern Er lehrte uns auch, Gemeinde so zu leben. So seltsam es klingen mag: Er hat uns nicht gesagt, dass wir Kirchen bauen sollen. Und doch habe ich den Eindruck, dass viele Pastoren sich genau damit beschäftigen. Er sagte, dass *Er* Seine Gemeinde bauen würde. *Uns* trug Er auf, Menschen zu Jüngern zu machen.

Gewöhnlich bezeichnen wir die Gläubigen nicht als Jünger, sondern als „Christen". Interessanterweise wird das Wort „Christ" nur dreimal im Neuen Testament erwähnt, während das Wort „Jünger" 259-mal vorkommt. Was denkst Du, woran Gott mehr interessiert ist?

Auf Gnade beruhende Jüngerschaft

Wenn wir das Wort „Jüngerschaft" hören, denken wir gewöhnlich an eine „To-do-Liste" die wir anderen aufbürden. „Jetzt, wo du ein Christ bist, musst du deine Bibel lesen, jeden Tag beten, in die Kirche gehen, dich taufen lassen und natürlich ... den Zehnten geben!" Und in manchen Fällen entwickelt sich eine Co-Abhängigkeit. Die Menschen machen andere zu *ihren* anstatt zu *Jesu* Jüngern (s. Apg. 20, 30).

Das ist nicht mein Verständnis von Jüngerschaft. Die Jüngerschaft des Neuen Bundes ist nicht werkeorientiert. Sie ist der wunderbare Prozess, in dem ein Gläubiger einem anderen lebensverändernde Wahrheiten mitteilt, wie die bedingungslose Liebe Gottes, Gerechtigkeit durch den Glauben an Christus, unsere Identität als neue Schöpfung, wie wir aus Gottes Gnade leben können usw.

Menschen ändern sich nicht, indem sie eine Liste von Pflichten übernehmen. Gottes Weg der Veränderung geschieht durch Verwandlung. Er arbeitet von innen nach außen. Er schreibt uns die Wahrheit ins Herz, und schlussendlich entspricht unser Verhalten dem, was wir glauben.

Den Staffelstab weitergeben

Aber lass mich noch einen Schritt weitergehen. Der Plan Jesu ist nicht nur, dass wir Jünger machen, sondern dass wir Jünger machen, die Jünger machen, die Jünger machen, die ...

Paulus sagte zu Timotheus: „*Was du von mir gehört hast vor vielen Zeugen, das vertraue treuen Menschen an, die fähig sein werden, auch andere zu lehren.*" (2. Tim 2, 2). Paulus hatte dabei vier Generationen von Jüngern im Sinn. Er lehrte Timotheus, der wiederum treue Menschen lehren sollte, die ihrerseits andere lehren würden.

Zu sehen, wie andere die Gnade Gottes erfahren, ist eine Sache. Aber dann zu sehen, wie sie diese Wahrheiten an andere weitergeben, ist noch einmal etwas ganz anderes! Es begeistert mich!

Als ich über die letzten Jahrzehnte meines Lebens und meines Dienstes nachdachte, wurde ich sehr ermutigt. Ich dachte an verschiedene Menschen in deren Leben ich eine gewisse Entwicklungsrolle spielen durfte. Auf dem weiteren Weg haben sie nun die Verantwortung dafür übernommen, anderen auf verschiedene Weise wichtige Wahrheiten über die Gnade zu vermitteln. Einer hat ein Buch über Gnade veröffentlicht, andere leiten Gnadengemeinden, wieder andere veranstalten jetzt ihre eigenen Gnadenkonferenzen und -seminare, andere sind für Gläubige in Bezug auf ihre Identität in Christus ein Mentor usw.

Ein einfaches Gebet, das ich oft spreche, lautet: „Herr, führe mich zu hungrigen Herzen." Ich glaube an göttliche Verbindungen. Er verbindet uns sowohl mit denen, die in unserem Leben eine Rolle spielen sollen, als auch mit denen, in deren Leben wir eine wichtige Rolle spielen werden.

Ganz gleich, ob wir den Staffelstab in Empfang nehmen oder ob wir schon so weit sind, dass wir ihn weitergeben können, lass die Hauptsache die Hauptsache bleiben: Mache Jünger, die Jünger machen werden.

Seine Gebote halten

„Und daran erkennen wir, dass wir ihn erkannt haben; wenn wir seine Gebote halten. Wer sagt: ‚Ich habe ihn erkannt‘, und hält doch seine Gebote nicht, der ist ein Lügner, und in einem solchen ist die Wahrheit nicht." (1. Joh. 2, 3–4). Manche versuchen mit diesem Zitat, Christen wieder unter das Gesetz zu bringen. „Seht ihr", sagen sie, „jeder, der sagt, er sei ein Christ und hält sich nicht an die Zehn Gebote, ist ein Lügner."

Ist es das, was Johannes mit diesen Versen ausdrücken wollte?

Wann immer die Apostel die Lehre von der Errettung verkündeten, machten sie deutlich, dass wir nicht durch den Versuch, das Gesetz zu halten, errettet werden können. Als Paulus zum Beispiel an die Galater schrieb, sagte er: *„... doch weil wir erkannt haben, dass der Mensch nicht aus Werken des Gesetzes gerechtfertigt wird, sondern durch den Glauben an Jesus Christus, so sind auch wir an Jesus Christus gläubig geworden, damit wir aus dem Glauben an Christus gerechtfertigt würden und nicht aus Werken des Gesetzes, weil aus Werken des Gesetzes kein Fleisch gerechtfertigt wird."* (Gal. 2, 16).

Zuvor hatte er in diesem Brief erklärt, dass diejenigen verflucht seien, die lehren, dass wir zusätzlich zum Glauben an Christus das Gesetz halten müssen.

Diese Frage wurde tatsächlich auf dem ersten Kirchenkonzil in Jerusalem geklärt. Die Apostel und Ältesten kamen zusammen, um die Frage zu erörtern, ob das Gesetz im Leben der Heidenchristen eine Rolle spielen solle. Petrus sagte zu denen, die vorschlugen, die Heiden unter das Gesetz zu stellen: *„Weshalb versucht ihr denn jetzt Gott, indem ihr ein Joch auf den Nacken der Jünger legt, das weder unsere Väter noch wir tragen konnten?"* (Apg. 15, 10).

Das Gesetz ist ein schweres Joch. Es beschwert uns. Aber das Joch Jesu ist sanft und Seine Last ist leicht.

Daher ist es klar, dass Johannes nicht beabsichtigte, die Empfänger seines Briefes erneut unter das Gesetz zu stellen, denn er sagt später: *„Denn das ist die Liebe zu Gott: dass wir seine Gebote halten; und seine Gebote sind nicht schwer."* (1. Joh. 5, 3). Er war auf dem Jerusalemer Konzil anwesend, als alle darin übereinstimmten, dass das Gesetz eine schwere Last ist; und doch schreibt er in seinem Brief, dass die Gebote Gottes, die sie halten sollten, nicht beschwerlich sind.

Wenn er sich also nicht auf die Zehn Gebote bezog, welche Gebote hatte er dann im Sinn?

In 1. Johannes 3, 23–24 sagt er uns, welche Gebote er meinte: *„Und das ist sein Gebot, dass wir glauben an den Namen seines Sohnes Jesus Christus und einander lieben, nach dem Gebot, das er uns gegeben hat. Und wer seine Gebote hält, der bleibt in Ihm und Er in ihm. Und daran erkennen wir, dass er in uns bleibt: an dem Geist, den Er uns gegeben hat."*

Dem Evangelium gehorsam sein

Es gibt hier zwei Gebote: an Jesus glauben und einander lieben.

Das Evangelium ist kein Vorschlag, sondern ein Gebot, das Vertrauen in die Selbstrechtfertigung durch Einhalten des Gesetzes aufzugeben und an den Herrn Jesus Christus zu glauben.

Sowohl Petrus als auch Paulus forderten ihre Zuhörer auf, dem Evangelium gehorsam zu sein. Petrus sagte: *„Denn die Zeit ist da, dass das Gericht beginnt beim Haus Gottes; wenn aber zuerst bei uns, wie wird das Ende derer sein, <u>die sich weigern, dem Evangelium Gottes zu glauben?</u>* (1. Petr. 4, 17 – Hervorhebung durch den Autor). Und Paulus schreibt: *„… bei der Offenbarung des Herrn Jesus vom Himmel her mit den Engeln seiner Macht, in flammendem Feuer, wenn er Vergeltung üben wird an denen, die Gott nicht anerkennen, und an denen, <u>die dem Evangelium unseres Herrn Je-</u>*

sus Christus nicht gehorsam sind." (2. Thess. 1, 7–8 – Hervorhebung durch den Autor).

Die Apostel haben nie zum Gehorsam gegenüber den Zehn Geboten aufgerufen. Das war nicht ihre Botschaft. Sie riefen zum Gehorsam gegenüber dem Evangelium auf.

Einander lieben

Lehrt Johannes uns hier, unsere Errettung würde davon abhängen, dass wir uns gegenseitig lieben?

Das will er keineswegs andeuten. Die Liebe ist keine Bedingung für die Erlösung, sondern der Beleg dafür. Er sagt, dass jeder, der behauptet, Christ zu sein, aber seinen Bruder hasst, noch in der Finsternis ist und dass die Wahrheit nicht in ihm ist (s. 1. Joh. 2, 9–10; 3, 14+17).

Gesetzliche Menschen werden diese Reihenfolge immer umdrehen und den Beleg der Errettung zur Bedingung dafür machen; und auf diese Weise wird die Errettung durch Werke gelehrt.

Wenn wir dem Evangelium gehorchen, werden wir wiedergeboren und werden Teilhaber der göttlichen Wesensart. Die wahre Natur Gottes wohnt in uns. Gott ist Liebe. Der Glaube an das Evangelium wird also letztendlich dazu führen, dass wir unsere Brüder und Schwestern lieben. Der Glaube entfaltet sich in der Liebe.

Es ist nicht andersherum. Johannes sagt nicht, dass man innerlich verändert und dann schließlich errettet wird, wenn man seine Brüder und Schwestern liebt. Nein. Wer errettet wird, wird innerlich neu gemacht und wird seine Brüder und Schwestern lieben.

Unter dem Neuen Bund verspricht Gott, Sein Gesetz in unsere Herzen zu schreiben. Er arbeitet von innen nach außen.

Du wirst nicht deshalb ein liebender Mensch sein, weil Du ein von außen kommendes Gesetz befolgst, sondern weil Du vom Leben des Herrn Jesus durch den Heiligen Geist erfüllt bist. Liebe ist die Frucht des Geistes. Deine Fähigkeit, zu lieben, kommt von Ihm.

Religion und Gesetzlichkeit werden Dich immer dazu auffordern, von außen nach innen zu arbeiten. Du hast Dich zu verhalten, um zu werden. Hier geht es lediglich um Verhaltensmodifikation.

Gott wirkt von innen nach außen. Er macht uns zu einer neuen Schöpfung, offenbart uns die Wahrheit über unsere neue Identität und dann beginnt unser Verhalten, mit der Wahrheit in unserem Herzen übereinzustimmen. Hier geht es um Transformation.

Hier ein paar Beispiele:

Der Grund dafür,
* dass wir rechtschaffen handeln können, ist:
  Wir sind gerecht gemacht durch Seinen in uns wohnenden Samen (s. 1. Joh. 3, 7+9).
* dass wir anderen vergeben können, ist:
  Wir wissen, dass uns vergeben wurde (s. Eph. 4, 32).
* dass wir andere lieben können, ist:
  Wir wurden von Gott zuerst geliebt (s. 1. Joh. 4, 19).

Und wir wissen das auch. Wenn die Bibel sagt, dass wir in Gottes Liebe wandeln sollen, bedeutet das buchstäblich, dass wir in der Liebe wandeln sollen, die Gott für uns hat.

Die Liebe wird vollendet

Das christliche Leben beginnt mit dem Glauben und findet seine Vollendung in der Liebe. Es beginnt damit, dass wir Gottes Liebe zu uns in Christus durch den Glauben an das Evangelium erfahren; und es wird vollendet, indem wir andere lieben (s. 1. Joh. 4–7).

Gottes Liebe ist ein abgeschlossener Kreislauf:

1. Gott ist Liebe (s. 1. Joh. 4, 8).
2. Gottes Liebe zu uns hat sich am Kreuz geoffenbart (s. 1. Joh. 4, 9).
3. Wenn wir dem Evangelium gehorchen, nimmt die Liebe in uns Wohnung und folglich lieben wir einander (s. 1. Joh. 4, 12). Auf diese Weise wird die Liebe vervollkommnet, d. h., dass der Kreis sich schließt.

Denke daran: Seine Gebote sind nicht beschwerlich. Lass Dich nicht von anderen unter das Joch einer Liste von Regeln und Vorschriften spannen. Glaube an den Herrn Jesus Christus und Gott wird Seinem Willen entsprechend durch Seinen Geist alles in Dir bewirken, was Du sein und tun sollst.

Einmal Sohn, für immer Sohn

Mir wird oft die Frage gestellt: „Glaubst Du an: ‚Einmal gerettet, immer gerettet'?" Meine Antwort lautet: „Ich ziehe es vor zu sagen: ‚Einmal Sohn, für immer Sohn'." Christen werden wiedergeboren und es ist unmöglich, wieder ungeboren zu werden. Vielleicht bin ich manchmal ein schlechter Sohn oder ein rebellischer Sohn, aber ich bin immer noch Sohn.

Es ist faszinierend, zu sehen, wie sich Paulus' Lehre über die Erlösung in seinem Brief an die Römer entfaltet. Es fängt mit dem Gerichtssaal an, wo wir Gott als unserem Richter gegenüberstehen. Das Urteil ist nicht erfreulich. Da ist keiner, der gerecht ist, auch nicht einer. Das Urteil lautet: „*Der Lohn der Sünde ist der Tod.*" (s. Röm. 6, 23a). Wir stehen vor dem Richter als verdammte Sünder. Das ist die schlechte Nachricht; und sie ist sehr schlecht!

Aber dann wird die gute Nachricht des Evangeliums verkündet. Gott akzeptiert einen Stellvertreter. Nur einer kommt dafür infrage, nämlich Sein eigener, lieber Sohn. Ihm wird unsere Sünde zugerechnet und Er stirbt an unserer Stelle. Unsere einzige Aufgabe ist, das Evangelium zu glauben. Von diesem Moment an sind wir unwiderruflich gerecht.

Und das schließt eine Änderung des Rechtsstatus ein. Gott bezeichnet uns nie wieder als Sünder, sondern als Söhne. Und Er ist nicht mehr unser Richter, sondern unser Vater. Wir werden aus dem Gerichtssaal geholt, um für immer in der Familie unseres Vaters zu leben.

Paulus sagt: „*Denn ihr habt nicht einen Geist der Knechtschaft empfangen, dass ihr euch wiederum fürchten müsstet, sondern ihr habt den Geist der Sohnschaft empfangen, in dem wir rufen: Abba, Vater! Der Geist selbst gibt Zeugnis zusammen mit unserem Geist, dass wir Gottes Kinder sind.*" (Röm. 8, 15–16).

Wenn der Apostel sagt, dass wir den Geist der Knechtschaft nicht wieder empfangen haben, um uns zu fürchten, meint er, dass es für ein Kind Gottes keine Verurteilung mehr gibt. Verurteilung ist die Erwartung des Gerichts. Früher konnten wir aufgrund unseres sündigen Zustands nichts anderes als Gericht von Gott erwarten. Wir waren in der Furcht vor Gottes Strafe gefangen.

Aber die Frage der Sünde ist jetzt geklärt und wir haben Frieden mit Gott. Und zwar für immer. Das gilt jetzt dauerhaft zwischen uns und dem Vater. Es steht für immer fest.

Kein Kind Gottes muss jemals fürchten, wegen seiner Sünde ins Gericht zu kommen, denn dieses Gericht hat bereits am Kreuz stattgefunden. Jesus versichert uns: *„... wer mein Wort hört und dem glaubt, der mich gesandt hat, der hat ewiges Leben und kommt nicht ins Gericht, sondern er ist vom Tod zum Leben hindurchgedrungen."* (Joh. 5, 24).

Die Angst vor Bestrafung ist für immer vorbei und wird durch das Bewusstsein der Gotteskindschaft ersetzt, d. h. durch das überwältigende Erkennen, dass Gott unser Vater ist und wir Seine Kinder sind.

Erlösung kommt von unserem Gott

Oft sprechen wir vom Moment unserer Bekehrung als dem Zeitpunkt, an dem wir uns „für Christus entschieden" oder uns „zu Ihm bekehrt" haben. Diese Begriffe finden sich jedoch nicht in der Bibel. Es stimmt, dass wir zu dem Zeitpunkt gerettet wurden, als wir unser Vertrauen in Christus setzten. Aber die Anfänge unserer Errettung reichen viel tiefer als der Augenblick, in dem wir an das Evangelium glaubten. Sie beginnen bei Gott in der ewigen Vergangenheit und reichen bis in die ewige Zukunft.

In Römer 8, 29–30 steuert Paulus auf den unglaublichen Höhepunkt seiner Lehre über unsere Errettung zu. Er verwendet fünf Begriffe, die untrennbare Glieder in einer Abfolge göttlichen Handelns sind, die nicht nur zu unserer Errettung führen, sondern sie auch für die Ewigkeit sichern.

Schauen wir uns zunächst an, was diese Verse aussagen, bevor wir uns eine kurze Zusammenfassung der Begriffe ansehen. *„Denn die er vorher **erkannt** hat, die hat er auch **vorherbestimmt**, dem Bild seines Sohnes gleichförmig zu sein, damit er der Erstgeborene ist unter vielen Brüdern. Die er aber vorherbestimmt hat, diese hat er auch **berufen**; und die er berufen hat, diese hat er auch **gerechtfertigt**; die er aber gerechtfertigt hat, diese hat er auch **verherrlicht**.“* (ELB – Hervorhebung durch den Autor).

Sehen wir uns nun diese fünf Begriffe an:

1. <u>Erkennen.</u> Dieses Wort wird oft fälschlicherweise dahingehend verwässert, dass Gott schon im Voraus gewusst habe, wer an das Evangelium glauben würde. Dies ist ein Missverständnis von Gottes Handeln mit uns. Der Begriff „erkennen“ bedeutet hier, dass Er uns im Innersten kennt. Zum Beispiel: *„Und Adam erkannte seine Frau Eva; und sie wurde schwanger ...“* (1. Mo. 4, 1).

   Wenn die Bibel sagt, dass Gott ein bestimmtes Volk im Voraus erkennt/ersieht, bedeutet das, dass Er Sein Herz und Seine Gedanken auf diese Menschen richtet.

   In Amos 3, 2 sagt Gott zu Israel: *„Aus allen Geschlechtern auf Erden habe ich allein euch erkannt ...“* (LUT). Bedeutet das, dass Gott nichts von den Ägyptern, Assyrern oder Babyloniern wusste? Nein, natürlich nicht. Es bedeutet, dass Israel allein Gottes besonderes, auserwähltes Volk war. In ähnlicher Weise hat Gott Sein Herz von Ewigkeit her auf uns gerichtet. *„... wie er uns in ihm auserwählt hat vor Grundlegung der Welt, damit wir heilig und tadellos vor ihm seien in Liebe.“* (Eph. 1, 4).

2. <u>Vorherbestimmt.</u> Die Liebe Gottes zu uns ist eine zielgerichtete Liebe. Diejenigen, die Gott vorherbestimmt hat oder denen Er Sein Herz geschenkt hat, hat Er dazu vorherbestimmt, dem Bild Seines Sohnes gleichgestaltet zu werden. Das ist das Ziel, das Er für uns hat und das Ende, zu dem Er uns führen wird.

Das hat zur Folge, dass Jesus „der Erstgeborene unter vielen Brüdern" sein wird. Mit anderen Worten: Die Herrlichkeit und Erhabenheit, die Gott Seinem Sohn in der Ewigkeit zu geben gedenkt, hängt davon ab, dass wir dieses Ziel erreichen. Dass die Verherrlichung Jesu davon abhängt, ist der ultimative Beweis dafür, dass wir verherrlicht werden.

3. Berufen. Paulus erklärt: Als Gott uns durch das Evangelium berief, wurde Sein ewiger Plan für uns aktiviert. Er sagt, Gott hat „... *uns ja errettet und berufen mit einem heiligen Ruf, nicht aufgrund unserer Werke, sondern aufgrund seines eigenen Vorsatzes und der Gnade, die uns in Christus Jesus vor ewigen Zeiten gegeben wurde, ...*" (2. Tim. 1, 9).

Gottes Berufung ist nicht nur eine Einladung; sie ist viel mehr. Als Gott uns berief, öffnete Er unsere Augen, damit wir verstehen und glauben konnten. Er hat uns auch zu Sich selbst gezogen. Jesus sagte: „*Niemand kann zu mir kommen, wenn nicht der Vater, der mich gesandt hat, ihn zieht, und ich werde ihn dann am jüngsten Tag auferwecken.*" (Joh. 6, 44 MNG).

4. Gerechtfertigt. Als wir an das Evangelium glaubten, wurden wir gerechtfertigt. Rechtfertigung bedeutet, dass wir für gerecht erklärt werden oder „mit Gott im Reinen" sind. Es ist Gott selbst, der diese Erklärung über uns abgibt. Mit diesem Wort haben wir uns im Rahmen dieses Buches schon viel beschäftigt.

5. Verherrlicht. Die Verherrlichung ist die letzte Stufe unserer Errettung. Wir sind dazu bestimmt, für immer von der Gegenwart der Sünde befreit und dem Bild Christi völlig gleichgestaltet zu werden, mit einem auferstandenen, unvergänglichen Leib, der Seinem herrlichen Leib gleicht.

Es ist wichtig für uns, zu erkennen, dass Paulus von diesem Werk der Verherrlichung in der Vergangenheitsform spricht, als ob es bereits vollendet wäre: „... *die er gerechtfertigt hat, die hat er auch verherrlicht.*"

Was sollen wir nun dazu sagen?

Unsere Errettung ist also viel mehr als ein Zeitpunkt, an dem wir uns „für Christus entschieden" haben. Sie kommt von unserem Gott (s. Offb. 7, 10). Sie erstreckt sich von Ewigkeit zu Ewigkeit.

In dem Vers, der unmittelbar auf diesen Abschnitt folgt, fragt Paulus: *„Was sollen wir nun hierzu sagen?"* (Röm. 8, 31a). Das ist eine gute Frage. Nun, was soll man zu diesen Dingen sagen?

Viele Christen streiten und debattieren darüber, ob diese fünf Phasen unserer Errettung wirklich untrennbare Glieder einer Kette sind, die nicht unterbrochen werden kann. Sie stellen das ganze Verständnis der ewigen Sicherheit infrage. Lass mich ihre Einwände zusammenfassen: „Gott kann nicht so gut sein." Doch, das ist Er!

Dies ist die Antwort des Paulus auf diese Dinge: *„Denn ich bin gewiss, dass weder Tod noch Leben, weder Engel noch Fürstentümer noch Gewalten, weder Gegenwärtiges noch Zukünftiges, weder Hohes noch Tiefes noch irgendein anderes Geschöpf uns zu scheiden vermag von der Liebe Gottes, die in Christus Jesus ist, unserem Herrn."* (Röm. 8, 38–39). Auch ich bin davon überzeugt. Und Du?

Für immer errettet

Im letzten Kapitel haben wir gesehen, dass wir durch den Vater für immer gerettet sind. Wir haben einen Geist der Kindschaft empfangen, durch den wir wissen, dass wir Gottes Kinder sind. Nichts kann uns von der Liebe des Vaters trennen.

Dieses Kapitel soll uns vor Augen führen, dass wir auch wegen des Sohnes in Sicherheit sind.

Als wir gerettet wurden, übergab uns der Vater dem Sohn zur Bewahrung. Jesus verspricht: *„Alle Menschen, die mir mein Vater anvertraut hat, werden auch zu mir kommen. Und wer auch immer zu mir kommt – ich werde ihn nie und nimmer hinauswerfen."* (Joh. 6, 37 DB – Hervorhebung durch den Autor). Der Begriff „nie und nimmer" ist in der griechischen Sprache ein starker Ausdruck. Es ist eine doppelte Verneinung. Jesus sagt: „Wer zu mir kommt, den werde ich niemals, auf keinen Fall jemals hinausstoßen."

Jesus ist nicht nur unser Retter, sondern auch unser Großer Hohepriester. Er tritt für uns zur Rechten Gottes ein (s. Röm. 8, 34).

Wir sehen das Hohepriesteramt Jesu im Leben des Petrus am Werk. Kurz bevor Petrus den Herrn verleugnete, sagte Jesus zu ihm: *„Simon, Simon, siehe, der Satan hat euch begehrt, um euch zu sichten wie den Weizen; ich aber habe für dich gebetet, dass dein Glaube nicht aufhöre; und wenn du einst umgekehrt bist, so stärke deine Brüder!"* (Luk. 22, 31–32).

Petrus hat versagt, aber Jesus, sein Hohepriester, hat die Oberhand behalten! Petrus war Jesus übergeben worden und Jesus bewahrte ihn.

Die Jünger waren Jesus ebenfalls vom Vater gegeben worden, und Er bewahrte jeden einzelnen von ihnen. Am Ende Seines Dienstes auf Erden betete Er: *„Als ich bei ihnen in der Welt war, bewahrte ich sie in deinem Namen; die du mir gegeben hast, habe ich* *behütet, und keiner von ihnen ist verlorengegangen als nur der Sohn des Verderbens ..."* (Joh. 17, 12 – Hervorhebung durch den Autor). Der Sohn des Verderbens war Judas. Aus dem Neuen Testament geht klar hervor, dass Judas nie ein wahrer Gläubiger war. Alle anderen Jünger waren gläubig und wurden von Jesus beschützt.

Jesus versprach dies in Bezug auf jene, die Seine Schafe sind: *„... und ich gebe ihnen ewiges Leben, und sie werden in Ewigkeit nicht verlorengehen, und niemand wird sie aus meiner Hand reißen. Mein Vater, der sie mir gegeben hat, ist größer als alle, und niemand kann sie aus der Hand meines Vaters reißen. Ich und der Vater sind eins."* (Joh. 10, 28–29 – Hervorhebung durch den Autor).

Wir sind in der Hand Christi, und die Hand Christi ist von der Hand des Vaters umschlossen.

Als ich im Alter von 13 Jahren Christ wurde, drückte der Pastor, der mich zu Christus führte, eine Münze in seine Hand und sagte: „Das ist dein Leben." Und dann schloss er seine Faust fest um sie. Dann legte er seine andere Hand um die Faust und zitierte Kolosser 3,3: *„... und euer Leben ist zusammen mit Christus in Gott verborgen."* (MNG). Er sagte: „Du bist doppelt umschlossen. Niemand kann dich von Gott wegnehmen!"

Ich habe einmal eine Geschichte gehört, die auf die Zeit der Sklaverei in den Vereinigten Staaten zurückgeht. Da erzählte eine gläubige Sklavin ihrer Herrin von ihrer Zuversicht, auf der Grundlage dieser Verse auf ewig in Sicherheit zu sein. Sie sagte: „Ich bin in Christi Hand, und seine Hand ist in der Hand des Vaters. Niemand kann mich jetzt aus der Hand Christi nehmen."

Ihre Herrin war auch Christin, glaubte aber nicht an die ewige Bewahrung. Sie sagte zu ihr: „Aber du kannst dich aus Seiner Hand winden, wenn du das willst."

„Oh, aber Madam, Sie verstehen nicht", antwortete sie, „ich bin nicht nur in seiner Hand, ich bin der kleine Finger seiner Hand. Wie kann ich aus seiner Hand gleiten, wenn ich ein Teil seiner Hand bin?"

Als wir gerettet wurden, wurden wir mit Christus verbunden, sodass wir tatsächlich Glieder oder Teile Seines Leibes wurden. Wenn wir verloren gingen, würde das bedeuten, dass ein

Teil des Leibes Christi verstümmelt wäre. Kannst Du Dir vorstellen, dass der Leib Christi im Himmel zerstückelt wäre, dass Ihm eine Nase fehlen würde, ein Ohr nicht vorhanden wäre usw.? Dieser Gedanke ist absurd.

Liebe/-r Freund/-in, als Gläubige/-r bist Du durch den Sohn in ewiger Sicherheit. Er ist Dein Hohepriester. Der Vater hat Dich in Seine Obhut gegeben. Ruhe sicher in Seiner Hand.

Versiegelt bis zu jenem Tag

Christen sind nicht nur wegen des Vaters und des Sohnes in ewiger Sicherheit, sondern auch wegen des Heiligen Geistes.

Als wir zum Glauben an Jesus kamen, wurden wir mit dem Heiligen Geist versiegelt. Paulus sagte: *„In ihm seid auch ihr, nachdem ihr das Wort der Wahrheit, das Evangelium eurer Errettung, gehört habt – in ihm seid auch ihr, als ihr gläubig wurdet, versiegelt worden mit dem Heiligen Geist der Verheißung, der das Unterpfand unseres Erbes ist bis zur Erlösung des Eigentums, zum Lob seiner Herrlichkeit.“* (Eph. 1, 13–14).

Ein Siegel ist ein Nachweis für die Eigentümerschaft. Als junger Christ fragte ich mich immer, wie Gott unter Milliarden von Menschen diejenigen erkennen würde, die an das Evangelium geglaubt haben und gerettet sind. Würde jeder Mensch am Ende seines Lebens einzeln befragt werden?

Inzwischen habe ich verstanden, dass jeder, der sein Vertrauen auf Christus setzt, mit dem Heiligen Geist versiegelt ist. Und dieses Siegel ist „unveränderlich". Es sichert uns, bis der Herr wiederkommt und das Seine einfordert.

Paulus sagt zu den Christen in Ephesus: *„Und betrübt nicht den Heiligen Geist Gottes, mit dem ihr versiegelt worden seid für den Tag der Erlösung!“* (Eph. 4, 30). Wir sind versiegelt bis zur Wiederkunft Jesu, wenn der Höhepunkt unseres Heils erreicht sein wird, einschließlich der Erlösung unseres Leibes (s. Röm. 8, 23).

Das Siegel des Heiligen Geistes ist die Anzahlung Gottes, die uns als die Seinen kennzeichnet. Paulus schreibt an die Korinther: *„Gott aber, der uns zusammen mit euch in Christus fest gegründet und uns gesalbt hat, er hat uns auch versiegelt und das Unterpfand des Geistes in unsere Herzen gegeben.“* (2. Kor. 1, 21–22).

Wir leisten eine Anzahlung auf einen Artikel, um ihn für uns zu reservieren. Durch die Hinterlegung einer Anzahlung (= Unterpfand) geben wir die Erklärung ab: „Das gehört jetzt mir. Ich werde zurückkommen und es abholen."

Genau dieses Versprechen gab uns Jesus, als Er uns mit dem Geist versiegelte. Er sagte: „Diese Person gehört mir. Ich habe sie mit dem Preis meines eigenen Blutes erkauft. Eines Tages werde ich kommen, um die zu holen, die mir gehören."

Ein Siegel kann nicht entfernt werden. Seine Unversehrtheit garantiert die Sicherheit des versiegelten Gegenstandes. Auch wenn ein Christ den Heiligen Geist manchmal betrübt, so wird Er doch niemals von dem Gläubigen weichen. Jesus versprach: *„... und ich werde den Vater bitten, und er wird euch einen anderen Helfer geben, damit er bis in Ewigkeit bei euch sei: den Geist der Wahrheit, den die Welt nicht empfangen kann, weil sie ihn nicht sieht und ihn nicht erkennt; ihr aber erkennt ihn, weil er bei euch bleibt und in euch sein wird."* (Joh. 14, 16–17 MNG).

Der Heilige Geist ist das Unterpfand für Gottes Absichten

Als Marianne und ich anfingen, miteinander auszugehen, lebte ich in Großbritannien und sie in der Schweiz. Wir waren tausend Meilen voneinander entfernt. Wir konnten es uns nicht leisten, regelmäßig zu fliegen, um uns zu sehen. Und es dauerte ewig, einen Brief zu schreiben und eine Antwort zu bekommen.

Doch als wir uns verlobten, steckte ich ihr einen Ring an den Finger. Dieser Ring besiegelte das Versprechen, das ich ihr gab, dass wir eines Tages heiraten würden. Er war ein Unterpfand meiner Absichten. Jedes Mal, wenn sie den Ring ansah, wurde sie an mein Versprechen erinnert: „Ich werde in die Schweiz kommen und wir werden heiraten. Dann werde ich dich zu mir holen, und wir werden für immer verheiratet sein."

Liebe/-r Freund/-in, Du bist in ewiger Sicherheit, weil der Vater Sein Wort gegeben hat, dass nichts Dich von Ihm trennen kann. Außerdem hat der Sohn Dich mit Seinem Blut erkauft und Dich in Seinen Leib aufgenommen. Und der Geist hat Dich versiegelt bis zu dem Tag, an dem Jesus kommt oder Dich zu sich nach Hause ruft, um bei Ihm zu sein. Dann wird Jesus Dich makellos vor Gott stellen.

Dies ist Deine Errettung – unterschrieben, versiegelt und übergeben. Das ist die volle, reife Frucht dessen, was aus den Gnadenwurzeln wächst!

Andere Bücher von Ken Legg

This is the Life!

Viele Gläubige sind frustriert, verwirrt und niedergeschlagen, weil sie etwas Falsches über Gott, sich selbst und das christliche Leben gelernt haben. In „This Is The Life!" versucht Ken Legg, einige dieser fehlerhaften Grundlagen durch die Wahrheiten eines authentischen, lebensverändernden Christseins zu ersetzen. Bei „This Is The Life!" geht es darum, Dein Herz auf das Fundament der Gnade Gottes zu stellen. Gnade ist das, was das Christsein einzigartig macht. Wenn wir den Bezug zur Gnade nicht herstellen, werden wir am Ende nur eine weitere Religion haben.

What's Eating You?

Was auch immer in Deinem Leben geschieht, ist ein Ergebnis dessen, was in Deinem Herzen ist. Wir können nicht jenseits dessen leben, was in unserem Herzen ist. Wenn wir Christen werden, bringen wir in der Regel etwas von dem Gepäck aus der Vergangenheit in unser christliches Leben mit, und das prägt unser Herz. Wie ist es dorthin gekommen? Und wie geht Gott damit um? „What's Eating You?" wird Dir helfen, mit negativen Emotionen umgehen zu lernen, den durch einen Missbrauch in der Vergangenheit verursachten Kummer zu verarbeiten und mit giftigen Beziehungen in der Gegenwart umzugehen.

New Covenant, New Glory

Ein Bund ist eine Vereinbarung, die zwischen zwei Parteien getroffen wird, um eine Beziehung zwischen ihnen festzulegen. Was also hat Gott zwischen sich und uns als Grundlage für unsere Beziehung zu Ihm vereinbart? Auf welcher Grundlage werden wir von Gott angenommen und gesegnet? Viele Christen versuchen immer noch, ihre Beziehung zu Gott auf der Grundlage eines Bundes aufzubauen, der nicht mehr existiert! Folglich haben sie in ihrem täglichen Leben zu kämpfen und leiden unter Verdammnis. „New Covenant, New Glory" wird Dir helfen, Dich von der Denkweise des alten Bundes zu befreien, die Dich für etwas bezahlen lassen möchte, das Dir aus Gnade geschenkt worden ist.

Wenn Du weitere Informationen wünschst oder eines dieser Bücher bestellen möchtest, besuche die folgende Website:

www.kenlegg.com.au

New Beginnings Kinderdorf, Sambia

„Sie bringen unseren Pastoren geistliche Nahrung, aber was tun Sie, um den Armen in unserem Land zu helfen?" So lautete die Frage eines sambischen Pressereporters an Ken Legg und Roger Wilson im Jahr 2005.

Ken und Roger waren im Auftrag der New Beginnings Christian Church in Sambia. Sie waren von Pastor Kenny Goma eingeladen worden, die Botschaft der Gnade auf Pastoren- und Leiterkonferenzen in der Hauptstadt Lusaka und darüber hinaus weiterzugeben. Als Ken Pastor Kenny fragte, wie die New Beginnings Christian Church seiner örtlichen Gemeinde helfen könnte, war die Antwort einfach. Pastor Kenny träumte schon lange davon, ein sicheres und liebevolles Zuhause für verwaiste und schutzbedürftige Kinder in seiner Heimatregion Kafue zu schaffen.

Heute ist das New Beginnings Children's Village, ein Heim für verwaiste und schutzbedürftige Kinder, ein Zeugnis für Gottes Gnade und Versorgung. In jeder Phase, von der Gründung bis zur Fertigstellung, war Gottes segnende Hand deutlich erkennbar. Menschen haben angeboten, den Bau, den Kauf von zusätzlichem Land, Fräsgeräte und vieles, vieles mehr zu finanzieren.

Zur Verwirklichung dieses Projekts ging die New Beginnings Christian Church Australia eine Partnerschaft mit der Global Development Group ein, einer von AusAID anerkannten australischen Nichtregierungsorganisation, die sich für die ärmsten Menschen der Welt einsetzt und Hilfe und Entwicklungsmaßnahmen fördert. Diese Partnerschaft hat dafür gesorgt, dass vor Ort nachhaltige Langzeitprojekte eingerichtet wurden, darunter ein Gemüsegarten, eine Obstplantage, Legehennen, ein Mahlservice für Mais und Nüsse, die Vermietung von Veranstaltungsräumen und eine Mikrofinanzierungseinrichtung. Bis dieses Projekt selbsttragend ist, werden Patenschaften sicherstellen, dass die Bedürfnisse der Kinder abgedeckt sind.

Das New Beginnings Children's Village ist ein Segen für mehr als 21 Kinder, 8 Mitarbeiter und die Gemeinde Kafue insgesamt. Wertvolle Kinder, die einst verwaist, verlassen und missbraucht wurden, haben wirklich einen „Neuanfang" gefunden – ein Zuhause voller Liebe und Lachen, eine neue Familie und eine Hoffnung für die Zukunft.

Wenn Sie das New Beginnings Children's Village unterstützen oder mehr darüber erfahren möchten, dann besuchen Sie uns unter:

https://newbeginningsgoldcoast.com.au/a-grace-church-on-the-gold-coast/missions/

Kontakte

MINISTRIES

Set Free Ministries
PO Box 4185, Elanora, Queensland, 4221, Australia
Telefon: +61 407 571938
E-Mail: ken@kenlegg.com.au
Website: www.kenlegg.com.au

Kontaktadresse in Deutschland:
E-Mail: info@house-of-grace.eu
Website: www.house-of-grace.eu

Kostenlose Online-Bibelschule:
Website: www.onlinegracebibleschool.com
E-Mail: onlinegracebibleschool@gmail.com

FÜR AUTOREN A HEART FOR AUTHORS À L'ÉCOUTE DES AUTEURS MIA KAPΔIA ΓIA ΣΥΓΓP
FÖR FÖRFATTARE UN CORAZÓN POR LOS AUTORES YAZARLARIMIZA GÖNÜL VERELIM SZÍ
PER AUTORI ET HJERTE FOR FORFATTERE EEN HART VOOR SCHRIJVERS TEMOS OS AUTO
ERT SERCE DLA AUTORÓW EIN HERZ FÜR AUTOREN A HEART FOR AUTHORS À L'ÉCOU
BCEЙ ДУШOЙ K ABTOPAM ETT HJÄRTA FÖR FÖRFATTARE À LA ESCUCHA DE LOS AUTOP
MIA KAPΔIA ΓIA ΣΥΓΓPAΦEIΣ UN CUORE PER AUTORI ET HJERTE FOR FORFATTERE EEN

Der Autor

ERZÖINKÉRT SERCE DLA AUTORÓW EIN HERZ FÜR
RAÇÃO BCEЙ ДУШOЙ K ABTOPAM ETT HJÄRTA FÖP

Ken Legg, Pastor, Autor, Missionar und Vortragsreisender, wurde 1950 in Großbritannien geboren, ist seit 2018 verwitwet und hat zwei Töchter. Nach der Highschool studierte er ab 1971 an der Elim Bibelschule in Großbritannien und schloss 1973 mit einem Diplom in Bibelwissenschaften ab. Nach seinem Studienabschluss war er zunächst in Großbritannien als Pastor tätig und leitete anschließend zehn Jahre lang die Elim-Gemeinde in Christchurch in Neuseeland. Aktuell ist er lehrender Pastor der New Beginnings Christian Church, Gold Coast, in Australien, die er 2002 gründete. Durch seine pastorale Tätigkeit konnte er bereits über 500 Jüngerschaftsschulen in mehreren Ländern Afrikas gründen, darunter in Sambia, Uganda, Kenia und in der Demokratischen Republik Kongo. Er betreibt eine Online-Bibelschule (www.onlinegracebibleschool.com), einen YouTube-Kanal und eine eigene Website (www.kenlegg.com.au; ken@kenlegg.com.au).

Der Verlag

*Wer aufhört
besser zu werden,
hat aufgehört
gut zu sein!*

Basierend auf diesem Motto ist es dem novum Verlag
ein Anliegen, neue Manuskripte aufzuspüren, zu ver-
öffentlichen und deren Autoren langfristig zu fördern.
Mittlerweile gilt der 1997 gegründete und mehrfach
prämierte Verlag als Spezialist für Neuautoren in
Deutschland, Österreich und der Schweiz.

**Für jedes neue Manuskript wird innerhalb we-
niger Wochen eine kostenfreie, unverbindliche
Lektorats-Prüfung erstellt.**

Weitere Informationen zum Verlag und
seinen Büchern finden Sie im Internet unter:

w w w . n o v u m v e r l a g . c o m